U0936868

一恋倾城，一世忧伤

张爱玲传

苏尹——著

畅销升级版
changxiao
shengjiban

天地出版社 | TIANDI PRESS

图书在版编目（CIP）数据

一恋倾城，一世忧伤：张爱玲传 / 苏尹著. 一成都：天地出版社，2017.8

ISBN 978-7-5455-2768-1

I. ①一… II. ①苏… III. ①张爱玲（1920-1995）一传记 IV. ①K825.6

中国版本图书馆CIP数据核字（2017）第088397号

一恋倾城，一世忧伤：张爱玲传

出品人 杨政
著者 苏尹
责任编辑 陈文龙 孟令爽
封面设计 中北传媒
电脑制作 思想工社
责任印制 葛红梅

出版发行 天地出版社
（成都市槐树街2号 邮政编码：610014）
网址 http://www.tiandiph.com
http://www.天地出版社.com
电子邮箱 tiandicbs@vip.163.com
经销 新华文轩出版传媒股份有限公司

印刷 北京世纪雨田印刷有限公司
版次 2017年8月第1版
印次 2017年8月第1次印刷
成品尺寸 160mm×230mm 1/16
印张 16.5
字数 172千字
定价 36.00元
书号 ISBN 978-7-5455-2768-1

咨询电话：（028）87734639（总编室）
购书热线：（010）67693207（市场部）

序

1995年，两个影响世界的华人女性相继离开：一个是风华绝代的歌手邓丽君，一个是才华倾世的作家张爱玲。在这个本就平淡的年份，人们因两个香消玉殒的灵魂而变得分外感伤。

倏忽之间，张爱玲已经离开20年了。

张爱玲出生于1920年的上海，倘若活着，已近百岁。生活这袭锦袍，外在的华美，内里的虱子，皆已看透——其实，年轻的她就已经做到了，如果活到现在，则当是另一种境界了吧？

这是一个怎样的女子，她的作品，仿若在一块深沉苍凉的麻布上，绣起了层层的花团锦簇，那逼人的光芒，绝不单纯是一针一线的时光所造就。那是刻在骨子里的符码，推及情绪、感受与思想。世人眼中茫然的一切，在她横平竖直的文字里，色、香、味俱全。

生活在那样一个动乱的年代，她的故事，注定无法逃离一个动荡又光怪陆离的背景，但是对每个现代人来说，她打开的那扇窗却并不遥远。那时的月光，一直照彻现在，悬在我们的头顶。

张爱玲的不同寻常，承袭了家族的风云过往。作为李鸿章的后人，虽生于没落时代，但先辈的盛名与家族诗书礼仪的熏陶却非虚妄，加之与父母之间特殊的关系，自幼隐忍小心的童年，皆是她体内喷薄而出的才情的催化剂。

于是，自《茉莉香片》《倾城之恋》《金锁记》开始，张爱玲悲凉中藏着妖娆，喧嚣中挑起冷寂，在那个本来就树欲静而风不止的年代里，她如同一面招展的旗帜，渐成一派，令世人瞩目。

天才多有怪癖，张爱玲也不例外。她孤高傲世，她特立独行，她揣摩遍世间珍物却还视钱财为心头所好；她与心爱的姑姑相依为命，但财帛毕清；即使你看她百般不顺眼，她亦不会迎合你。

世人皆知，出名要趁早，这恰是张爱玲的名言。她的才情也的确自少年便锋芒毕露，直至青年，一发不可收拾。其实她的阅历很少，但那个时代的一切似乎自会与她交涉——胡兰成对她的评价，一相识便彼此仿若惊为天人，故一句道破天机。他们两个人在的地方，世人只有一半去得，另一半，无论如何也到不了。

这样的爱情，与其说是张爱玲自情窦初开时便埋下的追逐，不如说是命中注定的一场惊天动地！与他相谈，欲仙欲死；与她对座，惊动灵魂。那些时日，谁都不曾辜负。

仿佛应和了张爱玲那些故事的影子——她的故事里，人物追求着新鲜与爱，可大多数最终却不得不坠入或流离或悲惨的结局——她与胡兰成亦无法逃开。

有人说，张爱玲自小缺乏疼爱，所以遇见胡兰成那般有手段、有才气的男子，便爱得一发不可收拾，而把自己低到了尘埃里——所以，便给了胡踏雪成泥的机会，令张苦恋至决绝；也有人说，胡本来一介布衣，生就贫苦，与大家出身的张爱玲自然格格不入，只不过仰慕张作品与生活里新鲜的精致，以及惊世的情态而已，他们的相恋注定只是一场不会久远的伴随。

但斯人已逝，无论怎样的猜测，代表的都是观者自己的注解。我们也许能读懂她的作品，却不一定能透见她的人生。这一棵特立独行的植物，顶着旁若无人又自省自护的花，纵使颠沛流离，也不改最初的颜色。

后来，张爱玲远渡重洋，与年长她许多的美国人赖雅结婚。在遭遇写作瓶颈的日子里，这是一种喜乐安定的感情，与之前和胡兰成的惊天动地相比，是另外一番光景。而进入这个时期的张爱玲，再也不是那个昂首挑眉、高高在上的风情女子，而是一个贴身伺候垂暮老人的中年妇女。生命华美就此倾覆，只剩下困窘与压力，她不得不俯下身子，受命于生活。

命运的起伏，高至凌霄，低入泥塘，张爱玲都尝遍了。她并无惊讶与闪躲，因为她的眼睛、她的文字，从一开始便钻透了人生——她活在尘世，但却与尘世隔了一层。

爱情是张爱玲笔下曼妙的题材，却只是她人生时节里不多的潋滟，命运的注脚。有了这样一份鲜明的映照，我们才得以更加理解她笔下那些女人与男人悲凉的一生里，偶然照进的清光与艳色，它们如同亘古不变的月，在世相与人性的深处埋伏，偶露峥嵘。

在市声纷乱的今日，我邀你一起再度走近张爱玲。我述说的是我看到的她，希望你看到的——是她昨日的人生里，照见的今世。

彼时的月亮路过，抬起头，是今日的光。

目 录

壹 旧日华章

贰 上海迷梦

叁 初渡香江

肆 传奇之光

伍 低到尘埃

陆 浮沉别离

柒 他乡岁月

捌 浮世悲欢

壹 旧日华章

01 家世

今夜还吹着风，想起你好温柔……

圆月高悬，流云四散。今晚的月色仿佛从百年前的上海穿越而来，带着一种让人无法描述的隐忍与神秘。它令我想起那个神秘的女作家。她的一生如同这月的光华，忽远忽近，缀满了清冷与华美。

我试图分云拨雾，走近那个世界，只看到她默然不语，一切留予后人说。

20世纪二三十年代的上海，十里洋场，风云际会。1920年9月的最后一天，公共租界内张家公馆，一个名叫张煐的女婴来到了人世。那日是农历八月十九，圆月稍缺，不仅写意了她以后的人生，也在她的作品中，无数次地以图腾的形式出现。

回到这个名叫张煐的女孩子身上吧。她的出生之地，一幢清末民初的三层小楼，完全承袭西式建筑的精髓，上下面积总共五百多平方米，通达宽阔，细节雅成。

这座在风云叱咤的上海滩并不显眼的小楼，却有着不凡的来历。它本是晚清名臣、著名洋务运动的发起者之一——李鸿章送给女儿的陪嫁，这位与俾斯麦、格兰特一起被称为“19世纪世界三大伟人”的李中堂，功过是非暂不评说，但这份陪嫁，却饱含着一位父亲纷繁国事之外，厚重的爱女之情。

女儿李经璹，小名李菊耦。璹音同书，是玉器的名字，足见李鸿章对这个三女儿疼爱至深，呵护如玉。而李菊耦在那样的家庭氛围中长大，受父亲的熏陶指点，自然也与寻常女子不同：见识高，口风紧，文墨精通。李鸿章一直留她在身边帮忙处理公文至二十三四岁，才不舍地将其许给了自己的弟子——清流健将张佩纶。

这桩婚姻并非门当户对，更谈不上金童玉女、佳偶天成，顶多算是才貌相当吧。张佩纶虽出身寒门，但才学精进，且为人仗义执言，是清末“清流派”的中坚人物，自身清廉，因屡参贪官而招忌恨，最终被贬流放。再度回到京城之时，发妻过世，穷困潦倒，李鸿章却慧眼识珠，不顾夫人的阻挡，将女儿许配与他。李菊耦面对母亲的不满，却很淡定——她相信父亲所选之人，不会差。

果不其然，婚后的张佩纶及时隐退，与李菊耦夫唱妇随，偕隐南京，诗酒相伴，伉俪情重，堪比赵明诚李清照。后子张廷重、女张茂渊相继出世，儿女双全。他们的故事，晚清四大谴责小说之一的《孽海花》，便有影射。

张煐，便是张佩纶与李菊耦的孙女、张廷重的女儿。她自幼骨子里承袭贵族风致，诗书风华，乃至十数年后，才情文字惊动上海滩，成为文学史上一朵奇葩——张爱玲。

从李鸿章到张爱玲，尽管已隔了两代，血脉的传承却始终不渝。她沿承的是一个名门望族的血统，从一个天才儿童过渡到拥有绝世才华与凌然气质的作家，恰似命运玄机里的偶然与必然。

后人都说，张爱玲的文字里总是铺满深深浅浅的苍凉，这似乎构成了她生命与作品的基调。然而，一个人一生中的很多表现，沁出的都是童年的影子。张爱玲的特点，自然与她的童年际遇脱不了干系。

和父亲的关系，是亲情中颇为重要的一环。与李菊耦深得父亲李鸿章疼爱不同，张爱玲与父亲张廷重的关系却是犹如冰火，爱恨交织。

这也许与张廷重的成长经历和人生际遇有关。

当初，张佩纶与李菊耦虽相亲相爱，奈何天不遂人愿，只得了数年的好日子，张佩纶便因病去世，留给不到四十岁的李菊耦七岁的儿子与两岁的女儿。一时间，李菊耦从幸福主妇沦为寡母，幸亏还有父亲李鸿章当年陪送的丰厚妆奁，可以令她携儿带女在张佩纶那个人口众多的大家族中度日。

张佩纶去世之后，李菊耦做姑娘时的才干便再度显露出来。她严守诗书传家的传统，要让儿子早早继承丈夫的遗志。望子成龙，抱负远大，成了李菊耦对张廷重人生之初的设计指南，所以督促他读书学习，稍有差池便责罚于他。又担心他跟其他世家子弟学坏，故意叫他穿上一些颜色娇嫩鲜艳的衣服，宁肯缩在家里，也不能出去惹事，坏了声名——如此，张廷重在得了满腹经纶之外，也养成了懦弱无比的性格。

所以张家亲戚都在私下议论，李菊耦自己婚姻失衡，子女的教育也颠倒了：把儿子张廷重当女儿照管，把女儿张茂渊却做儿子养，给她穿男装，不许下人叫她“毛姐”，而是称她为“毛少爷”。现在看来，这也许是一个心高气傲的单身母亲给予儿女的一种自我保护吧，但是她没有料到，这种自我保护使得儿子守业在家，却郁郁寡欢，女儿漂洋过海，孤零半生。

1915年的上海，灯红酒绿，西风渐进。这一年，张家公子张廷重娶了南京水师提督黄翼升的孙女黄素琼。黄素琼出身世代官宦之家，却无视封建礼教那一套束缚，受民初自由气氛的熏染，思想极为开化，渴望寻一份与传统深宅大院家庭生活不同的情侣为伴。但身为同龄人的张廷重，虽然也难免被新思想、新观念冲刷，身上也颇有一些新潮的生活方式，比如喜好新款式的汽车、订阅新书新报，但骨子里承袭的老气横秋的遗少气息与公子脾气却是根深蒂固的。

因此，这对结婚时被众人艳羡为金童玉女的新人，很快便觉察出彼此的不合意之处。首先是黄素琼发现张廷重虽对西洋文明自由与她一样谙熟欣赏，但对于赌博、狎妓与抽大烟却更喜爱。可知他对西方文明只是欣赏，却无法接受，因为一旦接受，便威胁到他自己原有的生活方式，那是一种长期浸淫生成的社会安全感。

房子虽阔大，奈何与男主人一样暮气沉沉，女主人黄素琼自然是极不喜欢的。这位美丽的女人，身材颀长，目深鼻挺，像拉丁民族后裔，往上辈追溯，据说有南洋血统。她的祖父是长江水师提督，她也算是李鸿章的一个远房外孙女，这门亲事，就是当时非常流行的亲上做亲。

在清清楚楚地看到张廷重身上那些遗少旧习之前，黄素琼也许对丈夫还是有些感情的，毕竟当时都是青春年少，难免缠绵。他们接受过相同的教育，想来精神方面也偶有共鸣。但当张廷重那些毛病在婚后稠密的日子里恣意摊开的时候，黄素琼无法忍受了。

黄素琼的母亲是一名湖南的乡下女人，把湖南女子泼辣好强的性格遗传给了女儿。加之黄素琼一直受新思想、新教育的影响，她无法与这样一个将大好青春裹满陈腐恶习的丈夫同床共枕。于是，先是规劝，再是干预，最后以回娘家来做抗争，却无一奏效。

他们从上海搬到天津住了一些时日之后，黄素琼已经死心，她彻底放弃了对丈夫的管束，不再关心家事，而是寻找自己的天地去了。她念英文，学钢琴，剪裁衣服，打扮自己。尽管与丈夫各走各路，但她并不孤单，因为她还有一个坚定的同盟者，就是小姑子张茂渊。张茂渊也看不惯哥哥抽烟狎妓的恶习，同情嫂子，又志趣相同，两人同来同往，亲如姐妹。

尽管只像笼中鸟儿有了一些放风时间，但这些许的新鲜空气更加重了黄素琼对新鲜生活的渴望。她渴望有一天能彻底飞出这个充满腐朽气息的樊笼，到那个她一直憧憬的新天地里自由呼吸。

这个时机终于到了！1924年，张廷重的妹妹张茂渊要出洋留学，黄素琼与其商量之后，决定以监护者的身份跟小姑子同去。这个理由似乎很正当，更主要的是，最有话语权的丈夫张廷重也无能或者无心挽留了。于是，黄素琼顺利地与张茂渊一起奔赴国外。

从此，黄素琼变成了黄逸梵，从原来婉约本分的名字里挣脱出来，她是独立且昂扬的。也许那个时候，黄逸梵还没确切地望见自己的未来，也没有预想到，这一走，竟是一生难以归去的开始。

早前，张廷重的母亲李菊耦去世的时候，整个家族的经济大权是掌握在其同父异母的兄长手里的。在上海居住，上面有人管教，很多嗜好无法尽情享用，张廷重自然觉得诸多不便。于是他承托堂兄张志谭，寻了一份闲职——在津浦铁路局做了一个英文秘书，得以从兄嫂严苛的监管之下脱逃出来，来到了太太的娘家——天津居住。

刚搬到天津时，张廷重兴致颇高。张爱玲后来曾发现了一本萧伯纳的《心碎的屋》，空白处就有张廷重的英文题识：

天津，华北。
一九二六。三十二号路六十一号。
提摩太·C. 张

从张廷重的职位与题识来看，其受西洋思想的影响并不比妻子少。作为洋务世家，当初寡母李菊耦可是为他专门请过英文家教，处理英文文件不在话下，甚至还会用英文打字机。当然，他是用“一指禅”按出来的。不过这点本事，在当时的状况，谋一个英文秘书的职位还是绰绰有余的。

在天津的日子是繁华悠闲的，脱离管束的夫妻俩悠游自在，有儿有女，有司机有用人，连小孩子也是一人一个保姆照看着。这本来是一份富足幸福的生活，叫人艳羡。但张廷重走马上任之后，很快就在当地结交了一帮酒肉朋友，抽大烟、逛柳巷、养姨太太……从前的习气有增无减，尤其是在黄逸梵出洋之后，更加肆无忌惮了。

张爱玲的成长，便是在这样一种家庭富足、父母分离的背景下。一边纸醉金迷，一边动荡不安，新与旧交替，生与死轮回，这般矛盾与生动、狂烈与沧桑，叠化在张爱玲笔下，成就了她无与伦比的文字天象。

02 故园

母亲黄逸梵一走，原来只是养在外面的姨太太，便都堂而皇之地被接到家里来了。一时间，里里外外、进进出出的都是姨太太的姐妹，一双小儿女全交给了保姆。好在保姆们都比较尽心，把两个小孩子照顾得无微不至，使他们似乎忘了母亲离去的哀伤。

但是，那种骨肉分离的场景，在张爱玲心里，是永远都不能忘记的。

那一日，母亲黄逸梵即将登船远行，衣装打扮俱已齐全，一件镶着亮片的绿色衣裙，更显得这位妇人丰盈靓丽。是年，黄逸梵已经二十八岁，在当时，别说这么大年龄且有儿有女的女人出洋会被视为异端，就是如张茂渊那般的女孩子出国留学，也是不多见的。黄逸梵大约是想到了自此要抛下一双儿女，亦想到了对那个新鲜世界的茫茫无知，她忽然俯身在竹床上哭起来。这一哭，便无法自抑，肩膀抖动，身上那些衣服的亮片也随之颤动，在爱玲小小的眼睛里，那些亮片如泪水一般闪闪发光。

必须得有人提醒黄逸梵，再哭，就耽误启程了，用人悄悄把爱玲推上前去："去告诉婶婶，说时间不早了。"——那时候爱玲名义上是过继给长房伯母的，所以叫自己的妈妈为婶婶，但是，她也从未叫过长房伯母妈妈。

张爱玲依言说了，黄逸梵却还是哭。爱玲呆呆地看着母亲，看她身上那些亮片，如同玻璃里倒映的海。

母亲终究还是走了，那一年，张爱玲四岁，弟弟张子静三岁。

母亲走了，父亲忙的是他的外务，还有与姨太太抽大烟，与酒肉朋友玩闹。

爱玲当时跟的是一个姓何的女佣，弟弟子静跟的是一个姓张的女佣，他们分别称为何干、张干——长大后的爱玲回忆起来，觉得这称呼颇为时髦，从写作者的角度来讲，像一个个玲珑别致的笔名。印象中，张干一直比何干更得意，因为她带的是男孩，而何干带的是女孩。这样男女有别的灌输让爱玲颇不服气。

弟弟张子静是个体弱多病的男孩，长相却非常漂亮。高鼻梁与长睫毛，如他留洋而去的妈妈复刻下来一般。大家由此宠他的多些，相应地，他就更娇气，更馋一些，看到什么都要吃。哪怕病中，他也惦记着吃松子糖。为了断了他的念想，家人把黄连掺在糖里给他。吃了一口，他啃着拳头哇哇大哭，他们又抹了一些黄连在他拳头上，这下，小子静哭得更惨了。

爱玲自小脾气不算太好，这从她烦躁时总揪住何干脖子上松弛的皮肤，抓得皮破血流可见一斑——所以，她一直不服气张干的强势。张干于是骂她说："就你这脾气只能住独家村！"意思是她脾气坏，谁都不可能跟她合得来。张干又从爱玲抓筷子的手指预测到爱玲以后应该嫁得远远的，说她弟弟也不希望她回来。爱玲气急，根据所谓筷子抓得近嫁得远的理论，把手指移向筷子上端，故意给张干看。

"抓得远当然嫁得远。"小姑娘哪是大人的对手啊，张干一句话气得爱玲说不上话来。

在张爱玲笔下，金耳的小花瓷罐里盛着弟弟爱吃的松子糖，旁边还有个装痱子粉的搪瓷蟠桃，黄红色的，它们都被放在梳妆台上。有一次，爱玲看到张干把一个柿子放进梳妆台的抽屉，大概是想把生柿子"醂"一下，熟了再吃。但这一放，就给忘了。爱玲倒是记着，隔两天就去看一眼，可是出于之前与张干的斗争，那种幼小的奇异的自尊心令她无法开口提醒张干。最后那个柿子化成了一摊水，为此爱玲惋惜了很久。

这些事情，让爱玲自小便对男女平等的问题有了模糊的认识。而有些事情是天生不平等的，比如弟弟美，而她不美。漂亮的脸蛋长在了男孩子身上，家里人都替张爱玲惋惜。长辈们跟子静打趣说："把长睫毛借我用用好不好？"他一口回绝。听到旁人说某某人的太太长得美，他也会反问："有我好看吗？"这时候，大家反要一起取笑他的虚荣。

其实除了美，弟弟其他地方都不如爱玲。他不如爱玲活泼，没爱玲那般聪明会说话，也不能像爱玲一样画一手惟妙惟肖的画。他暗地里也是忌妒姐姐的，常常把她的画偷来，在上面画上两道黑杠子，或者索性给撕了。爱玲知道了，也不气，没了父母的疼惜，弟弟毕竟是她最亲的人啊。何况在玩的时候，一向都是爱玲做头领，弟弟可是甘心俯首称臣的。

爱玲自小就有想法，玩的时候也常有各色新鲜主意：将两人扮作《金家庄》上两员勇猛大将，她是月红，使一把宝剑；弟弟是杏红，耍一对大锤。当用人的切菜刀在厨房里咚咚当当作响之时，一场攻打蛮人的好戏也就开场了。趁着月色，杀上山。路遇两只大老虎，不怕，二人将老虎杀死，顺手劫来老虎蛋——那不过是笆斗大的锦毛毬妆成，剖开来就像白煮鸡蛋——蛋黄倒是圆的。大部分时间弟弟都甘心被爱玲指挥，但也有不听调遣的时候，两人就会争吵起来。于是，爱玲便哄着他，让他编个故事，通常都是：一个旅人，以为身后有老虎跟着，便吓得风似的跑啊跑……故事没讲完，爱玲便笑倒了，在弟弟腮边亲一口，谁叫他那么可爱呢。

后来，他们有了后母；再后来，爱玲也住校在外了。她难得回来一次，才发现弟弟已经那么高了。他很瘦，穿一件旧的蓝布罩衫，罩衫不甚干净，但丝毫也不影响他聚精会神地看连环画。爱玲那时候已经读穆时英和巴金了，觉得看连环画的弟弟太幼稚，想纠正，他却晃晃身不见了。接着又听许多人说弟弟如何忤逆，逃学，没志气。爱玲气愤，不知道自己不在家的时候，弟弟过的是何等日子，一个乖巧的孩子怎么就变得如此反叛了呢。因着爱之心急，于是她比旁人更激烈地诋毁弟弟，那些告状的人反倒又觉得她有些小题大做了。

童年，在孩子们心里，有苦有乐，但乐总会多于苦。在张爱玲后来的回忆里，许多的童年趣事，如同诗画一般美好。连用人、丫头，都格外有生气。

在天津的家里，就有个被爱玲叫作疤丫丫的丫头。她活泼健壮，许是过于好动，不知道哪次摔了跟头，额头上留下了疤，这也是她名字的由来。

疤丫丫爱荡秋千，院子里那个秋千架，她常荡得老高。爱玲清楚地记得，某次疤丫丫荡到最高处，竟呼地一下翻了过去，吓得人一身冷汗。

后院里除了秋千，还养着鸡，小小的爱玲常在夏日午后，穿着白底小红桃子纱短衫、红裤子，坐在小板凳上，喝清凉散暑的六一散——每次都是满满一碗，凉凉的淡绿色，味道涩而微甜，不难喝，也不怎么让人喜欢。

下人们也不都是疤丫丫这样淘气好玩的，有一个身量瘦小、面相清秀的男仆就很有志气。他常在天井一角的那个青石砧上练字，拿毛笔蘸了水，反复地写着。他还会给爱玲讲《三国志演义》，自然很得爱玲喜欢，爱玲私底下给他起了名字叫“毛物”，他的妻子就叫“毛物新娘子”，简称“毛娘”。毛物还有两个弟弟，分别获得了“二毛物”“三毛物”的昵称。毛娘可是个厉害人物，表面温和可爱，其实很有心计，她很会讲《孟丽君男扮女装中状元》的故事，因此也很受爱玲喜欢。

毛物一家都是南京人，后来疤丫丫嫁了三毛物，偌大的一家人，在爱玲看来很是明艳富足的感觉。再后来他们就自立门户，不再做用人了，而是开了一家杂物铺。爱玲还被其他用人带去买过东西，尽管只是两只劣质暖水瓶，也是照顾生意的意思。不过他们的店铺最后还是蚀了本，终究没有做下去。

故园与故人，组成了一幅斑斓的心灵地图，一笔一画都在心底沉淀。再以后，逐渐演变成张爱玲笔下故事的背景，淡淡的，依稀可辨。

03 家事

尽管孩子对于母亲的依恋都是与生俱来的，但张爱玲对于母亲，常有一种生疏又奇怪的亲热感。这怪不得她，任何一个如她一样敏感的孩子，成长在那样纷繁离乱的家庭背景里，估计也都会有那样寡淡的母女情感。

但母女之间的感情与别的情感究竟不同，母亲在的时日尽管很少，爱玲也有深刻鲜明的记忆。那是早上，女佣把爱玲抱到母亲的铜床上，爱玲趴在母亲的方格锦被上，看着刚苏醒的她不甚高兴的样子。她逗着自己，教自己背唐诗，还认方块字，认得两个，就有绿豆糕吃。这点，爱玲倒是很开心的。

但母亲走了，姨太太便搬了进来。其实搬进来之前，爱玲便跟父亲去过她那里，虽然爱玲当时只有两三岁，也隐约知道了姨太太不是什么好的东西。爱玲在父亲怀里扭打踢腾不肯妥协，最后挨了一顿打才肯回去。

姨太太是个堂子里的妓女，比张廷重还要大几岁，泼辣粗野，有些让小孩子害怕的戾气。张爱玲有时候去父亲房内背书给他听，就看见姨太太也教自己本家的侄儿念书，因那小孩嘴笨，常被打得眼睛都肿了起来。

姨太太虽厉害，但喜爱热闹，常常把条子叫到家里搞宴会。年幼的爱玲对这一切都好奇得很，常躲在帘子后面偷看那些浓妆艳抹的女人。印象最深刻的是一对姐妹，不过十六七岁的样子，穿着玉色的衣裙，肤色雪白，都打着前刘海。两人那么挨着，亲密得像原本就长在一起一样。

相对于弟弟张子静，姨太太还是比较喜欢爱玲的，有时候会带爱玲去起士林看跳舞。那时候，爱玲对跳舞没有兴趣，她感兴趣的只是桌子上五颜六色的蛋糕，上面的白奶油齐眉毛高呢，一旦大人示意可以吃了，她就兴冲冲地把那些东西全吃完，然后鼓胀着小肚子，在舞池昏暗的灯光里昏昏欲睡，迷迷瞪瞪地直到三四点钟光景，才被用人背着回家去。

姨太太到底是个粗人，她不但打自家侄儿，后来连张爱玲的父亲张廷重也打了。一个痰盂掷过去，张廷重的额角立时便冒出血来。这还了得！本家族人先就不依了，众人出面把这个凶悍的女人赶出了张家。姨太太走的时候，拉了两车自己的家什用度。待车出了大门，下人们都很开心：这下子好了！

八岁的时候，爱玲再度搬家了。主要原因是张廷重失业了——素日不怎么去上班也就罢了，还抽鸦片、逛窑子，和姨太太打架，严重影响了表兄张志谭在官场的声誉。1927年1月，张志谭被撤去交通部长的职位，张廷重没了靠山，被迫辞职。张廷重颜面扫地，走投无路时，想起了妻子黄逸梵，于是写信给她，表示自己要痛改前非，希望黄逸梵能原谅他，重新回到他身边来，一家人过团圆和美的日子。为表示与过去一刀两断，张廷重决定搬回上海。其实这里面也有一部分原因是张爱玲的舅舅一家在上海。张廷重虽然与黄逸梵有隙，但与其兄长却颇为交好。

黄逸梵答应了张廷重的请求。

这一次，张家是由海路回的上海，张爱玲也得以第一次看见真正的大海——她眼里的黑水洋、绿水洋，看了心里非常快乐。那时候的爱玲，已经读了好几遍《西游记》。在漫长水路的摇晃中，她又在船舱里看孙猴子借芭蕉扇，眼里炙热的火沙与船外宁静的洋面遥相呼应。

回到上海不久，母亲与姑姑就回国了。他们全家搬进了一栋四层洋房，有尖的屋顶与阔大的客厅，还有一个漂亮的花园。有了父母的疼爱，还有这么漂亮的大房子，两个孩子兴奋地跑来跑去，连客厅门口放雨伞、搁衣服的大橱也觉得新奇，反反复复地打开又关上。

父亲张廷重被送到医院医治那些因恶习染上的疾病，母亲黄逸梵成了整个房子的主人。她在外多年，一身的洋派作风，常找来许多同道中人在客厅里开派对。看着她与一个胖胖的妇人在钢琴前表演一幕恋爱剧，爱玲觉得好玩极了，笑着在一张狼皮褥子里滚来滚去——家里的气氛从来没有那么温暖迷人过。

那大约是张爱玲童年记忆中最欢乐、最丰裕的一段时光了。年幼的爱玲看什么都是美丽的：房子里蓝色椅套与旧的玫瑰红的地毯搭配，本来是透着俗艳的不协调，可在她眼里，也是喜欢的。她告诉母亲，英格兰让她想起蓝色天空与红色尖顶小房子，而“法兰西是微雨的青色，像浴室里的瓷砖，带着生发油的香”。虽然母亲纠正她，法国是晴朗日子居多，英国倒是常常下雨，但她脑海里生出的印象却像是扎了根，怎么也改变不过来。

这段日子实在是太惬意了，跟之前相比，简直像梦境一般。那种满足，张爱玲小小的心房都快要盛不下了。她带着这种心情写信给天津的玩伴，描述他们的房子有多大、多漂亮，整整写了三张信纸，为了使对方有具体的感知，甚至还画了图样。遗憾的是，对方没有回信，大约是被这种夸耀给看傻了眼，继而生出了不愉快，也就赌气不回了。

随着年龄的增长，舒适的生活催生了女孩子多愁善感的一面。听到母亲黄逸梵讲那枚夹在杂志里的风干了的花朵的历史，爱玲竟然无缘无故地落下泪来。爱玲还在难为情，母亲倒笑了，还是赞赏地笑，因而对弟弟子静说：“看你姐姐，可不是因为没有糖吃才哭的啊！”这么一夸奖，爱玲更不好意思了。

好日子总是像长了脚一般过得飞快，敏感的爱玲逐渐嗅到了家庭空气中不一样的味道。因为随着父亲病愈出院，父母又开始吵架了。

爱玲记忆中，每次用人把她与弟弟拉出房间后，屋内便传来父母吵闹的声音。她坐在夏日的阳光下发呆，看弟弟骑着脚踏车在天台上一圈一圈地转着，仿佛是一对被遗弃的孤儿。

张廷重夫妇俩吵架的原因有许多，最大的争执仍是观念上的差别。已经深受西式文明熏陶的黄逸梵坚持要让孩子接受学校里的新式教育，而张廷重很早就给爱玲姐弟俩请了私塾老师，他觉得在中国，这种教育方式是最传统也是最稳妥的。在张廷重的认知里，留学归来的黄逸梵与自己的距离似乎在一点点拉大。这个守旧的遗少有些惊慌，他担心黄逸梵再度离自己而去。为了保全目前这看来还很富足享乐的生活，他想着法子要把妻子的钱弄到自己手里，最好是花掉才放心。

张廷重不再拿钱给家里用，一切开销都从黄逸梵这里出。渐渐地，黄逸梵捉襟见肘，而张廷重答应改掉的毛病却似乎又在一点点重新蓄积，黄逸梵不得不开始为自己打算了。

黄逸梵最初争取到手的一点微弱胜利，就是坚持将十岁的爱玲送到了学校，做四年级的插班生。子静的教育权，她却无论如何争不到手了。不过子静到底是男孩子，张廷重不可能不给他书念，倒是爱玲不能耽误。黄逸梵几乎是怀着挽救的心理，将爱玲“绑架”到学校接受新式教育。为此，她跟张廷重不知道吵了多少次，简直要撕破了脸。

进小学填表格的时候，黄逸梵感觉张煐这个名字不响亮。因黄逸梵一时也想不出更恰当的，便将她的英文名字Eiling随口译了过来，于是有了张爱玲。

许多传奇，都源自不经意——这不过只是一个临时拿来用的名字，却不料在以后的日子，响彻了文坛。

04 才情

抓周的习俗，中国南北皆有，张家也不例外。但张爱玲周岁时所抓之物，却有两种说法。姑姑张茂渊说她抓的是金磅——此象征意义不言而喻，在两人相处的那一段日子里，张茂渊对爱玲的天性爱财确认无疑——而一个用人则说爱玲抓的是笔，这自然更有说服力了。数年后，张爱玲的确是凭着一支笔行走天下，快意人生！

不管抓的是什么，谁也无法否认张爱玲自小便显露出的才情。三岁的时候，她去一个亲戚家，在那位老人面前背诵“商女不知亡国恨，隔江犹唱后庭花”，那个清朝遗老，听得直泪水涟涟。

母亲不在身旁，但用人中也有识文断字的，会讲那些演义故事，爱玲一一记在心中。到后来，父亲请了私塾先生讲学，令她背孟子，里面有“大王事獯于”，她怎么也记不住这绕口的句子，便机敏地将其改为“大王嗜熏鱼”，如此一来，就记住了。其心思之巧，可见一斑。所以，虽然那时候爱玲的课外读物也不过是《西游记》和少量的童话，但这些并未限制她的想象力。七岁的时候，她便写了生平第一部小说，一个家庭悲剧，讲的是一个小康之家姑嫂之间的恩怨。

一个七岁的孩子，如何探得大人世界里的那些是非恩怨？只能说早熟的爱玲有一双冷静的眼睛，将与她年龄不相称的世相，全勾过来，落在了心底。

后来，爱玲又写了第二部小说。一个失意的女郎要自杀，于是坐了火车跑到杭州西湖去。母亲对她的早慧与展示出的文学才华很欣喜，但对这篇文字却有不同的意见。她认为一个女人要是真心想死，不会特地跑到西湖边去跳水。但爱玲一直对“绿杨阴里白沙堤”的西湖有着梦一般的浪漫憧憬，一个决绝的女子，选择在诗梦一般的地方结束自己的生命，岂不是一件很浪漫的事情？因此，她固执地保留着自己对人物的安排。

基于前两部小说的基础，八岁的时候，爱玲已经有了写大部头的决心。她将半打练习簿订在了一起，一半文字，一半插图。这个小说是类似乌托邦的题材，叫《快乐村》，讲一个好战的高原民族，因攻克外邦入侵，特被皇上免征赋税，自治自理，过着与世隔绝的快乐生活。插图上描绘的是这个快乐村的一些服务设施，诸如住宅、图书馆、演武厅、筑在凉亭上的公共餐馆、屋顶上的花园，甚至还有一个巧克力店。古老部族文化与现代文明交承，俨然一个欢乐无比的桃花源。

尽管这是一本预想中要写得洋洋洒洒的著作，终因小孩子天性不定的想法而中途停滞。爱玲还曾经在一本旧账簿的空页上起稿，用墨汁在那淡黄色竹纸上，写一个开篇：话说隋末唐初的时候——这是当时小报上章回体小说常用的开场白。有个亲戚看到了便打趣说："哟，写起《隋唐演义》来了！"爱玲听了很得意，然而历史的那些事在她内心存量终还不够，写了一张以后，就搁下了。

毋庸置疑，张爱玲对文字有着独特的审美与组合能力，这在她那篇世人皆知的《天才梦》里就有过描述——"我是一个古怪的女孩，从小被视为天才，除了发展我的天才外别无生存的目标。"

除了天赋，爱玲的才华也断少不了母亲黄逸梵的影响。幼时在黄铜床上教她识字背书是启蒙；第一次留洋回来，订阅《小说月报》；在马桶上还给爱玲念老舍先生的《二马》，念到有趣处，两人都笑得撑不住。所以在爱玲从事写作这个职业之后，一直把老舍先生视为自己最欣赏的作家。尽管老舍还有很多诸如《离婚》《火车》等精彩篇章，爱玲依旧最推崇《二马》。这估计与她镶嵌在记忆中的，和母亲相处的不多的快乐时光有关吧。

母亲与爱玲相处的时间都是断断续续的，所以在爱玲心中，母亲既美丽敏感，又神秘高贵。每每有机会牵起母亲的手，不是孩童欢欣的温暖，而是一种生疏的刺激。也因为如此，母亲带给她的影响，都是深刻且绵长的。

其实，父亲张廷重旧式的文化教养也给了爱玲一定的影响。比如诗词歌赋，爱玲也学着作，作出来的也很让父亲得意。她曾有三首七绝，其中第二首为咏《夏雨》："声如羯鼓催花发，带雨莲开第一枝。"此句非但爱玲自己喜欢，连学堂里的先生也说可圈可点。

上学后的张爱玲，因为住校的缘故，很少回家，但每每被接回来住，总要和教弟弟的私塾先生讨论一番从父亲书架上看来的书。她对《海上花列传》的兴趣，就是从那时勃发的。缘于此，才有了以后张爱玲将吴语对白的《海上花列传》译为国语，并加评注的《海上花》。

父亲的书架上不只有《海上花列传》，还有石印本的《红楼梦》，而对于《红楼梦》的喜爱，是自始至终贯穿于张爱玲生命中的。在童年风云多变的时期，张爱玲躲在大观园这个新奇有趣的世界里，表面平淡却暗藏玄机的人物对白，繁复精致的衣饰装扮，强大有序的家族排场，无一不让她反复咀嚼，古典文学的美感更是令她惊艳。待读到后四十回，忽然觉出一种狗尾续貂的意味，原来的生花妙笔变得索然无味，大观园也跟着昏天暗地起来。

后来张爱玲才知道，那后四十回，不是曹公的手笔。

如果说这是一种由天性里来的文学鉴赏力，并不为过。要知道，那时候的爱玲才只是个少女，再略大些，她索性自己写了本《摩登红楼梦》，将大观园里一干人等搬到了热闹的上海滩！旧人物新事件，声口辞令与《红楼梦》如出一家。张廷重看了大加赞赏，还亲自为这本《摩登红楼梦》拟了回目：

第一回 沧桑变幻宝黛住层楼 鸡犬升仙贾琏膺景命

第二回 弭讼端覆雨翻云 赛时装嗔惊叱燕

第三回 收放心浪子别闺闱 假虔诚情郎参教典

第四回 萍梗天涯有情成眷属 凄凉泉路同命作鸳鸯

第五回 音问浮沉良朋空洒泪 波光骀荡情侣共嬉春

第六回 陷阱设康衢娇娃蹈险 骊歌惊别梦游子伤怀

如果说，之前的残文断章只是显示了张爱玲过人的想象力，那么这本稚嫩的《摩登红楼梦》虽无惊人之事体，但小小年纪便能融汇古今文萃、格律典故，张爱玲的才情聪慧发挥得超出了她的年龄所限，也为“十年一梦迷考据，赢得红楼梦魇名”奠定了坚不可摧的基础。

05 嗜好

对于张爱玲与《红楼梦》的渊源，红学泰斗周汝昌先生有这样的评价："大凡一个人的'精神组成'是很复杂的，先天禀赋性灵，后天教养熏陶，亲友交往，社会环境……这是个'化学分析'难列出'方程式'的课题。"

的确，在张爱玲后天的成长里，天赋与环境的影响，以及身边人的教养熏陶，都是她日后成才必不可少的元素与底料。

如果说父亲张廷重给了爱玲古典文学的影响，那么母亲黄逸梵给女儿的教育则是中西合璧、艺术与文学并驾齐驱的。

满腹新思想的黄逸梵希望能把爱玲培养成一个不折不扣的淑女，除了让她学画画、学英文之外，还学习钢琴。爱玲画画很随意，她喜欢用红色的背景，但母亲告诉她这样不好。红色总是一下子占满了眼睛，而作为背景的颜色应该是看上去有距离感的。但爱玲还是我行我素，她就喜欢红色的温暖与亲近，像小孩子卧室的那种橙红色，让人多安心、多舒适啊！

所有的艺术都有微妙的相通。爱玲对于画画的天分似乎也比较高，她生平赚的第一笔稿费，不是来自文字，而是初中时给《大公报》投稿的一幅漫画，得了五块钱的稿费。她兴冲冲地拿去给自己买了只小号的丹琪唇膏——用才能换来的享受与愉悦自是其他事情不能相比的。但母亲却说，应该把那张钞票留下做纪念才好。

整个中学时期，爱玲都沉浸在对绘画的热情之中。她在当时就读的学校校刊上发表的插图已经很让人夸赞，寒假时，还按照当时杂志副刊的形式，图文并茂地编写了一份以张家杂事为内容的报纸。连张廷重也对其刮目相看，在过年亲戚们走动时，拿出来给众人欣赏，不无炫耀和骄傲。

母亲与姑姑回国后，把钢琴和音乐带回了张家。黄逸梵肺弱，医生建议她用练嗓子的方法调养，于是她常常站在弹琴的张茂渊身后，一只手软软搭着小姑子的肩膀，合着她的琴音唱歌。她的声音总是低于琴音一个调子，但在爱玲看来，一唱一和却仿佛带她进入了另一个世界，这世界让她感动。

“真羡慕呀，我要是能弹这么好就好了！”爱玲在一旁满是欣赏与钦羡地说。大人们听了这话倒高兴起来，想她应该是一个音乐天分极高的小孩吧，于是送她去学钢琴。其实，爱玲只是爱弹琴时带给她的那种美妙的感觉。在她眼里，每个音符都有着不同的个性与色彩，铿锵明丽，如同在以后的写作里她常用的那些词语——珠灰、黄昏、婉约——她自己说，这种形容词多了，不免就犯些堆砌的毛病。

写作、画画、音乐……这些职业在张爱玲看来无一不是可爱的，于是让小小的她犯了愁，将来要选择哪一样才好？在九岁那年，爱玲看到一部描写穷困潦倒的画家的影片，于是毅然将自己未来的理想定在了做钢琴家这个职业上。至少演奏钢琴的地方，都是些富丽堂皇的殿堂呀！

母亲告诉爱玲："既然是一生一世的事，第一要学会爱惜你的琴。"雪白的琴键，不洗手是不许碰的。不但如此，每日里还要拿一块鹦哥绿的绒布细细擦拭。家庭教养润浸出的习惯，令爱玲不管对于绘画、音乐还是文字，都有着投入且认真的态度。后来，张爱玲以写作谋生，她说："学成文武艺，卖与帝王家。"她很欣赏自己的这种自力更生。

爱玲对钱的态度是很微妙的，她过着当时上流阶层的生活，从没吃过钱的苦头，但她能支配的钱却几乎没有。过年的压岁钱照例是要上缴的，因为担心小孩子买零嘴吃。所以张爱玲一向不避讳自己对钱的喜爱，姑姑张茂渊说她是个小财迷，她亦没有异议。

这种对钱的热切，在张爱玲的前半生尤为凸显。可能经历过华丽奢侈的那一切，在后来的日子里，越发想在金钱的堆砌里寻找过往的回忆。或者，那些精致奢华的习惯，已经凝练为一种生活态度。

20世纪二三十年代的张家，中西合璧的不但有思想，还有饮食。喝牛奶、吃蛋糕，自然是寻常家小孩不能奢望的。牛奶倒入杯中，在杯边结一个小小的气泡，是爱玲眼里的小白珠子。在喝下牛奶之前，先吞了它，像吞下一个个隐秘的乐趣。

除了爱牛奶凝结的珠子，爱玲还爱蛋糕上的奶油。柔软与甜蜜的混合，弥补了她幼年缺少疼爱的心。推及开来，她爱一切软的、烂的东西，与她爽利的文字完全相反。而精细爽脆些的食物，例如瓜子、腌萝卜、蛤蟆酥，还有需要费神的小鱼小虾她是不喜欢的。她还是纯粹的肉食者，但也是比较安分的那种。

在张爱玲的《童言无忌》里，她回忆小时候去牛肉庄的情形：在一个小孩子眼里，那可是个干净可爱的地方，连伙计们都是肥胖红润、笑嘻嘻的。所以他们的洋葱就特别香、茄子特别大，猪也特别该杀。因为杀了的猪，也那么整洁光滑，没有丝毫让人不愉快的尸体的气息。爱玲喜欢这里，喜欢得简直想要在这里找一份工作，单是每日与这一切相处，便是一种精神的疗养。

讲究吃，给精神以快慰。而讲究穿，则又多了一份对人生的装点与宣战。“对于不会说话的人，衣服是一种言语，是随身带着的袖珍戏剧。”（《童言无忌》张爱玲）

有一件与穿有关的事情，让张爱玲长大后仍记忆在心。那时候姨太太还在家里，给她做了一件雪青色的丝绒袄，还是市面上最时髦的款式。这位瓜子脸的姨太太把衣服给爱玲穿上的同时，说：“看我待你多好，不像你母亲，给你们做件衣服还是拿旧衣服东改西凑的，哪舍得用整幅的丝绒。哎，你喜欢我还是喜欢你母亲？”

“喜欢你。”爱玲欢天喜地地回答。后来她耿耿于怀的，不是为了这件衣服背叛了母亲，而是那个时候，真是那么想的。

尽管与母亲在一起的时间远远比不上平常人家的小孩多，但母亲黄逸梵对爱玲审美方面的影响是更为深远的。婚姻的不如意，让黄逸梵把许多美好的期盼寄托于外在。她喜欢装扮自己，裁剪各色布料，穿上新做的服装，在镜子前慢慢检阅着自己。如水年华的流淌，只能交付给锦衣珠翠吧，然而张廷重总是看不惯的——“人又不是衣服架子！”这句是从鼻子里哼出来的不屑。但张爱玲很喜欢。母亲站在镜子前，慢慢地将一枚翡翠胸针别在绿色的短袄上，那深浅相依的两种绿色上滚动的温润光华令她着迷，她心里暗暗有了决定：“八岁我要梳爱司头，十岁我要穿高跟鞋，十六岁我可以吃粽子汤团，吃一切难于消化的东西。”（张爱玲《童言无忌》）

长大，意味着有机会与许多一直期待的美好的东西相亲相近，但是真的长大了，烦恼也就跟着来了。

贰

上海迷梦

01 动荡中的家庭

当张爱玲被母亲强行送到教会设立的黄氏小学住读之后，母亲与父亲之间的战争便不断升级。当初张廷重为了与黄逸梵重归于好，发誓与之前的恶习一刀两断，但没过多久，故态复萌。黄逸梵终于对他绝望了，直接带了一个外国律师回来，跟张廷重谈离婚。

离婚对那个时代的女性来说，无疑是一件惊世骇俗的事情，但是黄逸梵偏就自己做了主，不管张廷重多么不情愿。因为他实在拿不出硬气的理由反驳，当初答应黄逸梵戒除鸦片的，现在自己又吸了起来，任谁去说，都是不占理的。尽管如此，他还是迟迟不愿意签字，在房间内一圈一圈地绕着，几次提起笔，几次又放下。

律师也看出了张廷重的为难，他问黄逸梵要不要再考虑一下，黄逸梵坚决地回答："我的心已经像一块木头。"此言一出，张廷重长叹一声，在离婚书上签了自己的名字。

父母的离婚，并未给张爱玲太多的震动，长久以来的家庭生活仿佛早已经为此埋下了注脚，她心里甚至很赞成这样。尽管也惆怅，因为那红色、蓝色，精致得如同童话一般的家，再也不能维持下去了。

此时距离黄逸梵回国才不过两年的时间。而经历了这场婚姻的波折，黄逸梵先是与小姑子张茂渊一起搬出了张家花园楼房，一段时间后，再度选择离开祖国，踏上了前往法兰西的旅程。

临走前，黄逸梵去学校与爱玲告别。她发现女儿并没有想象中该有的伤痛与不舍，而是有些木呆呆的淡然，于是自己也表示出高兴的样子，尽量让这场离别没有痕迹地滑过。但张爱玲却分明看出了母亲满不在乎下藏着的痛心，仿佛在叹喟：下一代的人，真是狠心哪！母亲走后，望着周边高大的红杉木和渐渐合上的校门，张爱玲终于抑制不住地大哭起来。

不知道从什么时候起，张爱玲已经学会将丰沛浓烈的情感掩饰在清淡之下。这种本领，也可以视作迟钝。在某些地方，她是天才，在另外一些地方，她又显得很“低能”。譬如喜欢看电影的她，每每看完电影，就立在街角等家里的汽车来接，如若司机找不到她，她是决计不会找到车子的，因为她永远不记得自家车牌号码；她常去买书的一家书局，你要是问她怎么去，她可以告诉你坐电车到哪个楼房那儿下车，再往前看到什么什么建筑就到了，但她从来不记得什么路多少号。还有，她不会上理发店，不懂如何见客；在一间房子住了两年，甚至还不知道电铃在哪里。

黄逸梵走后，张廷重更加郁郁寡欢，抽鸦片已经满足不了他的需求，索性开始注射吗啡，又请了一个男佣在家里，专为他装大烟和注射吗啡。一段时日之后，张廷重不但身体虚弱至极，连精神都不太正常了。看到他这个样子，那些经常凑热闹的亲友，忽然都像隐身了一般，谁也不上门了。

1931年夏天，天气很热，穿着汗衫短裤的张廷重的额头上还搭着一块凉毛巾。即便如此，他还是嚷着太热，把脚泡在凉水盆里不肯出来。他眼神呆滞地看着爱玲姐弟俩走了过来，嘴里喃喃的，不知道说的是什么。姐弟俩当时也十分害怕，心里猜想着父亲是快要死了吧，情急之下，用人赶紧打电话给姑姑张茂渊。

危急之时，往往能考验出真正的亲情。张茂渊很快赶来，看到奄奄一息的张廷重，什么也来不及说，直接把哥哥送到了中西疗养院。她信西医，所以这次要用西医的治疗方法帮张廷重戒掉毒瘾。医院里一名法国医生成了张廷重的主治医师，他采用的戒毒方法是注射盐水针剂冲洗体内的吗啡毒素，配合电疗按摩刺激血液循环。治疗了些日子，才把张廷重从死亡的边缘给拽了回来。

三个月后，张廷重戒除了吗啡的毒瘾，但是鸦片烟还在抽着。他带着全家搬到了一所小洋房里，那里距离张爱玲舅舅家不远。张爱玲的舅舅与张廷重是一样的遗少作风，住得近了，更是可以一起抽抽鸦片、谈谈天。

彼时张廷重的内心，一定是煎熬且无力的吧。他留不住自己的妻子，但却与妻子的兄长保持着极好的关系。也只有在这样的关系中，他才略为得到一点慰藉——不管是过往辉煌的交游，还是眼下生活的喟叹。

父母离婚后，爱玲起初的生活变动并不太大，只是因为再度搬家，张爱玲和表姐弟住得近了些，也可以常去舅舅与姑姑家里玩，生活的范围比之前略宽展了些。

母亲没去法国之前，和张茂渊居住在一栋西式公寓里，买了一辆汽车，雇了一个白俄司机和一个法国厨子，日子过得颇为浪漫。张爱玲在那里第一次看到了瓷砖、浴盆和生在地上的煤气炉子，那样的情调与气氛颇让她感觉到一种温暖。后来母亲走了，但这屋子空气里她的味道还在，屋里仍旧留着她用过的纤巧的桌子，与其他颜色轻柔的物件，所以爱玲仍旧常去。

靠近年节的时候，张爱玲会拿自己精心制作的圣诞卡、新年卡之类的卡片，托姑姑寄给母亲。

这些卡片，都是爱玲趁节假日在家里裁剪绘制的。做这些的时候，她不许别人打扰，哪怕是弟弟。她做出好多来，挑拣最满意的给母亲寄去。这个时候，爱玲也还在学钢琴，只是不再跟那个白俄女教师，而是在学校里上课。因为父亲觉得另外请老师学琴太过于浪费，交学费时总是不情愿的，久而久之，张爱玲自己也就不去了。

也许父亲张廷重并非真是吝惜那些钱，毕竟女儿在文学与绘画上的才华他也很欣赏，颇为骄傲。也许他只是想起了那个西式的妻子黄逸梵，担心女儿和母亲一样，在各种西式教化之下，翅膀硬了，就背叛了他，背叛了家庭。

但是，后来父女感情的离间，却还是由不得他。

02 俗世里的哀伤

1933年的上海，房地产热了起来，许多房子的价格都较以前涨了许多，这也包括张廷重所分得的一些家产，许多之前不走动的亲戚又重新走动了。在这往来斡旋中，张廷重又得了一份新工作——给某日本银行的在华买办做助理。由于他之前做津浦铁路局秘书时处理英文商业信函比较在行，又跟着一位叫孙景阳的华人买办学了些实务，一来二往，孙景阳就托亲戚把自己一个庶出的妹妹介绍给了张廷重。

孙家是个大家庭。孙景阳的父亲孙宝琦一妻四妾二十四个子女，介绍给张廷重的这位孙用蕃在女儿里排老七，时年已经三十六岁，是个不折不扣的老小姐。但是这个女人很精明能干，不管打理家务还是接人待物都有一套。

孙宝琦在北洋政府最高职务做到了代国务总理，孙用蕃又是个未出闺阁的大姑娘，嫁给离了婚带着子女的张廷重，与其他姐妹的婚嫁相比，似乎还是屈就了。何况她的哥哥是自己顶头上司，张廷重有何理由不答应？

这门亲事就这么定了下来，直到这个时候，张廷重还不知道这位孙大小姐和自己一样有着吞云吐雾的爱好呢！

爱玲是在一个夏夜从姑姑口里知道了父亲再婚的消息的。她趴在公寓的小阳台上，内心波澜四起，她无法接受这个事实——母亲虽然离开了故土，但是在爱玲心里的位置，谁也无法取代。倘若有另外一个女人想来霸占母亲的家庭位置，倘若她现在在这里，爱玲会一把将她推下阳台去，一了百了。

但这只是爱玲恨极而出的想法罢了，不管她情不情愿，那位后母，还是进了张家的门，带着孙家的排场与嫁妆，还有孙家所给予她的气势和规矩，乃至手段。她早已经知道了张廷重的女儿和自己的身量差不多，就带了自己以前穿过的旧衣服给继女，满满地装了两箱子。她说这料子都是极好的——从她内心出发，既体现了她勤俭持家之风，也利于拉拢和继女的感情吧。只可惜，穿着那些衣领子都磨旧的衣服，已经长成少女的瘦高的张爱玲，却显得更加瑟缩了。

有一件暗红色的薄旗袍，用爱玲的话，“碎牛肉一般的颜色”，把春天都穿成了冬天的暗淡苍白，像生了冻疮，怎么也好不了。敏感的爱玲觉得羞耻，以至于整个中学时代都笼罩在那样的自惭形秽里，没有办法愉快起来。

在后母孙用蕃的策划下，张廷重又携家搬回了老宅——张爱玲出生的地方。那所房子极大，上上下下二十多个房间，搬家颇费了些周章，花销也不小。但那个时候正为张廷重做四十岁生日，在银行做事的他自然也有一帮有头脸的朋友，孙用蕃趁机要在亲戚朋友面前表现自己的持家能力，花费多少根本不放在眼里。

张爱玲无奈地接受了这一切。住读的她偶然回家，笼罩在鸦片烟雾里的父亲也会和她交流关于读书的感想。在这方面，父女两人是志趣相近的，但是爱玲觉得，父亲是寂寞了，只有寂寞的时候他才是爱自己的。而那阳光透过烟雾飘散、堆积在散乱的小报上的场景，的确令她有回家的感觉。她在父亲的房间里一坐就是一下午，坐得像是时间都沉了下去。

最初时，爱玲与继母孙用蕃相处得也还过得去，两人除了日常礼节，也会偶有其他生活细节方面的交流。而某天孙用蕃无意在张廷重书房看到张爱玲的作文《后母的心》，看到爱玲设身处地地站在自己的位置上着想，感动极了。她把作文小心收了起来，逢亲友来，就拿给人家看，开心得不得了。

其实那作文是张爱玲用来锻炼写作技巧的，写完就放下出去玩了，倒不是真的因为对继母有这么深的感情。但是一家人的关系总是要搞好的，既然继母这么理解，也这么高兴，那就随她去了。

可好景不长，随着家常生活的一日日展开，琐碎的疙瘩就在所难免了。

先是因为一只猫。家里房间多，下人报告说宅子里常有老鼠跑动，于是就养了一只大黄猫。张爱玲很爱这只猫，不知道从哪儿找来一只彩色的球，里面灌满了沙砾。她用这只球来逗猫，猫跳来跳去地捕捉，人和猫都很欢喜。有一天晚上，为了捉客厅里的老鼠，猫被关在了客厅，照管猫的女佣把球也顺便留在了那里。不想众人睡后，那猫开始玩球，声音在午夜格外响亮，老鼠吓得不敢出来了，父亲与后母也被吵醒了。

第二日，父亲坚持要把猫送走。张爱玲与弟弟张子静一起为猫求情，女佣也说抓老鼠很离不开这只猫，这才平息了张廷重的震怒，勉强留下了猫，但从此再不许它玩球了。猫自此便有些郁郁寡欢，常懒洋洋地趴着，不再如以前那样奋力地和爱玲嬉戏玩闹了。

又一次，大约是暑假的早上，爱玲大约是练琴练累了，看到小胖站在一旁，就把她叫来，教她唱当时最红的电影《渔光曲》的主题歌。不想小胖太缺乏音乐天分，就开头一句，反反复复教了一个上午，还是没学会。但这一上午的弹琴唱歌，却激怒了张廷重与孙用蕃，可怜的小胖被叫去狠狠地训斥了一顿，张爱玲也被勒令自此早上不许在家弹钢琴！

继母的规矩与张爱玲的个性终究无法调和，两人之间的摩擦越来越多。在张爱玲的心中，世界俨然分成了两半，一半是好的，属于母亲和姑姑那边；一半是坏的，属于父亲和继母这个家。

继母孙用蕃虽然与张爱玲的关系不太好，但对于张爱玲的父亲张廷重，却是不管他疾病贫苦，都一直陪在身边。两人相伴的几十年里，因为抽鸦片挥霍了家产，从大房子换到小房子，到最后连小房子的房租也付不起。孙用蕃出面，找了一位朋友家遗留的大阳台，在阳台上搭了一间小屋，一直住到1953年张廷重去世。

这些，张爱玲可能并不知道，也许她也不愿意知道。幼年的颠沛流离与少年时家庭的摩擦交恶，让她过早地对亲情产生了疏离与冷淡。

03 早慧间的兰心

从黄氏小学毕业后，张爱玲进入了著名的圣玛利亚女校。这所有着半个世纪历史的教会女中，可不是人人都能进得了的。在这里学习优异者，将来是可以有机会去世界著名大学念书的。

在上海滩，这样的学校是培养中国特色的西洋淑女的贵族学校，能进入这种学校的，都是家世不俗的女孩子。她们在学校里都是花枝招展且骄傲矜贵的，连说话的声气都比其他学校的人高出许多。

而穿着“碎牛肉”一般颜色衣裳的张爱玲，在她们中间却有着和年龄不相称的寂寞与悲哀。

“青春如流水一般地长逝之后，数十载风雨绵绵的灰色生活又将怎么样度过？”（《迟暮》张爱玲）

这如何像是出自一个十二三岁女孩子笔下的文字，却真正是在爱玲心里百转千回的低吟。曾经活泼好动的小姑娘在家事纷杂离乱的环境里渐渐长大，却因着父爱的疏远与母爱的离开变得孤僻。她用自己的方式保护自己，与人群，与时代，仿佛都隔着一层。

因为隔着，所以张爱玲可以冷静地打量世事，悄然而残忍地揭开人性的虚伪，将各色人物嵌进荒凉的故事中。这些故事，则是从她的少女时代生出的，可一出生，就老练得如同看破了红尘。

说到圣玛利亚女校，有一个老师不得不提。可以说，是他开启了张爱玲写作的大门，并发现她与众不同的才情。

这位老师就是国文部主任汪宏声，他也是张爱玲中学时代最喜爱的老师。

在圣玛利亚这样的教会学校，主要是英语教育，国文本来是最不受重视的。但是汪宏声先生做了主任，便开始大力提倡国文。他不但将国文的课程增多，而且还为图书馆订阅了大量的中国书报杂志，提倡并奖励课外阅读。在第一节作文课上，汪先生的作文题目便使学生吃了一惊。

汪先生把拟定的作文题目写在黑板上，分别是《学艺叙》和《幕前人语》。《学艺叙》是指学琴过程中的所想所得，《幕前人语》则是电影影评。但是汪先生还有言在先，自己的作文课并不仅限于命题作文，假如有人有别的思想，也可以自由命题，体裁不限。

此话一出，学生们议论纷纷，新老师的新教法，对于做惯了八股文的她们，实在是又新鲜又有趣。张爱玲更是按捺不住内心的激动，自拟题目写了一篇《看云》。

作文交上去之后，汪宏声一篇篇翻阅，虽然题目出得新鲜，但大多数同学也不过是寥寥数言，围绕着题目发挥一下而已，唯有张爱玲的这篇《看云》叫人眼前一亮。虽然里面还有几个错别字，但通篇瑰丽洋洒，文采斐然。汪宏声如获至宝，把爱玲的作文单独拿了出来，在课堂上朗诵给大家听。

阅读中，汪宏声连连把目光投向张爱玲所坐的那个角落。那时的爱玲瘦瘦弱弱，穿着打扮也有些落伍，面对先生的表扬，她像是没有反应过来一样，表情迟滞。

其实在汪宏声先生来圣玛利亚女校前后，张爱玲已经在校刊《凤藻》上发表过几篇小文了，其中还包括两篇英文小品《牧羊者素描》《心愿》和中文小短篇《不幸的她》。《不幸的她》描写一个追求自由而漂泊不定的女孩子，笔触婉转缠绵，透着一种早熟的哀伤。

而1932年《凤藻》上刊登的张爱玲的散文《迟暮》，则是她对归国回来的母亲的印象。一个十二岁的女孩子，假设一个青春将逝的妇人，将那份发自内心的悲凉与对过去无可挽回的留恋，写得入木三分。

"灯光绿黯黯的，更显出夜半的苍凉。在暗室的一隅，发出一声声凄切凝重的磬声，和着轻轻的喃喃的模模糊糊的诵经声，'黄卷青灯，美人迟暮，千古一辙'。她心里千回百转地想，接着，一滴冷的泪珠流到冷的嘴唇上，封住了想说话又说不出的颤动着的口。"（张爱玲《迟暮》）

《不幸的她》《迟暮》《秋雨》，这些，还都算张爱玲早期的作品，但其间所蕴含的才情已经迫不及待地喷薄而出了。

汪宏声先生发现了这么一个天才，很欣喜，他希望自己可以提高学生写作的积极性，为学校的国文发展创造更多的机会。从切实角度出发，也让类似张爱玲这样的学生，能够有一个展示的舞台。于是汪宏声牵头成立了一个叫国光会的组织，出版了同名刊物《国光》。这是一本三十二开的小型刊物，本意是希望张爱玲来做编辑的，但是她客气地推托掉了，说做编辑不行，但是可以写文章投稿。

张爱玲果然不负众望，在《国光》上所发表的《牛》和《霸王别姬》两篇小说，再度赢得了汪宏声先生的激赏。

《牛》，单从名字便可知是一篇描写农村生活的小说。其实张爱玲并无乡下生活的经历，所以奇就奇在她将一个农妇从失去一头牛开始、逐渐失去了头上的银簪、继而失去了精心喂养的两只小鸡、最后连相依为命的丈夫也撒手人寰的故事写得凄然真切：

"……哭得打噎——她觉得她一生中遇到的可恋的东西都长了翅膀在凉润的晚风中渐渐地飞去……展开在禄兴娘子前面的生命就是一个漫漫的长夜——缺少了吱吱咯咯的鸡声和禄兴的高大的在灯前晃来晃去的影子的晚上，该是多么寂寞的晚上呵!"（张爱玲《牛》）

张爱玲在杂文《存稿》中曾提到过这篇小说，对于中学时的自己如何写出这么一篇离她的生活极为遥远的故事，她说："《牛》可以代表一般'爱好文艺'的都市青年描写农村的作品，也许是其志可嘉，但是我看了总觉不耐烦。"

尽管张爱玲自己觉得不耐烦，但这篇故事通体透出的悲哀却叫人感同身受，也不得不佩服年少的她对艺术的通感与想象力。

《霸王别姬》改编自楚霸王的故事，可以说是一篇古文新编的心理分析小说。在她的笔下，虞姬不再是那个只懂得誓死追随项羽而又深明大义的宠妃，而是有了一定觉醒和反思的女性。虽然十余年来，她把楚霸王的胜利与失败当成了自己的胜利与失败，但她又觉察出，自己仅仅是他英雄高亢呼声中一个微弱的回声，并终将会渐渐沉寂，如同这场战争，赢了又如何。项羽加冕封王，她不过只是一个嫔妃，所去之处，无非是那华丽的后宫。随着年长色衰，会在这监禁中渐渐被其他丽人所取代，渐渐被遗忘。

这种预见，本身就是一种悲哀。所以虞姬才会拔出小刀，刺入自己的身体，并微笑着告诉她的男人："我比较喜欢那样的收梢。"

这是一句项羽没有听懂的话，这也是一个令大众另眼相看的虞姬。她的死，不再只是为了殉情，而是一种自主选择。

在这一小文里，年仅十几岁的张爱玲，便已然透出了自己一生对于独立自主、自我精神的追逐。

张爱玲有超出年龄的成熟与思想，但她也同样有这个年龄里调皮的一面。

汪宏声先生很希望《国光》上多刊登些张爱玲的文章，奈何她却投稿甚少，每次问她，都笑笑说忘了。汪先生很无奈，然而某天，忽然收到了张爱玲的稿件，展开一看，却忍不住乐了。

原来，这次投来的稿件是两首打油诗。第一首："橙黄眼镜翠蓝袍，步步走来步步摇。师母裁来衣料省，领头只有一分高。"第二首："夫子善催眠，嘘嘘莫闹喧。手袖当堂坐，白眼望青天。”

如此形象地描述，汪宏声一眼便看出了所描写之人，正是圣玛利亚女校的两位先生。他觉得这两首诗挺有趣，可以活跃气氛，便将这两首诗刊登出来，但他没有想到，这小小的打油诗竟然引起了轩然大波。

第一首诗描写的那位姜先生倒还大度，觉得打油诗虽然针对自己，但也无伤大雅，看看笑笑就过了。第二首诗大约是刻薄些，被描写的先生不干了，直接找美国校长告状，恼怒地提出了三点要求：一是汪宏声先生和编辑要向他道歉；二是《国光》停办；三是作者张爱玲不准毕业。

看事情闹大了，汪宏声先生赶忙斡旋安抚，最后按第一条要求做了了事。

在才情翩然的豆蔻年华，张爱玲的另一项爱好也得到了长足发展，那就是绘画。她对颜色本来就有着天然的敏锐，在古代文学典籍的滋养下，更是迷恋起宝蓝配苹果绿、松花色配大红、葱绿配桃红这般参差对照的美。中学时期，她最爱的是画漫画，有时候在课堂上听得发闷，坐在角落里的她就会偷偷在下面画人物的漫画像，有时候是先生，有时候是她经见的人和事。

值得一提的是，张爱玲还曾在校刊上发表了一篇《论卡通画之前途》的文章，里面对卡通提出了这样的预见："卡通的价值绝不在电影之下。如果电影是文学的小妹妹，那么卡通便是20世纪女神新赐予文艺的另一个玉雪可爱的小妹妹了。我们应当用全力去培植她，给人类的艺术发达史上再添上灿烂光明的一页。”

十几岁的张爱玲似乎有着惊人的预见力——今日的大荧幕上遍布我们所熟知的卡通形象，它们陪着我们长大，真的已经成为我们精神领域的一部分。

对绘画的喜爱保持了一生，但弹琴这个曾经被张爱玲作为一个理想职业的爱好，则在这个时期被慢慢放弃了。其实钢琴课在圣玛利亚女校还是颇受重视的——一个真正的淑女当然是应该懂点音乐演奏和欣赏的——只是教琴的先生似乎脾气不太好，她常常对自己认为练习得不够好的学生进行体罚，冷不丁地一掌拍下去，学生的手飞到钢琴盖上，疼也不敢出声。

张爱玲那时很瘦，受罚时手指的骨节与钢琴碰触更是生生地疼。她渐渐对学琴失去了兴趣，甚至到后来，一到钢琴课的时间，她竟然从心底渗出一种恐惧来。

成长，总归是谁也无法逃避的，就这么悲喜交集，猝不及防。

04 藩篱中的逃离

在学校里一半孤傲一半落寞，一面才情一面自卑，矛盾着，成长着。在家里，这段日子也是比较暗淡的。

家里的大权完全掌握在继母手里，爱玲因住校而很少回家，避免了与继母过多地相处，弟弟张子静却没有她这般幸运。

有一个周末，张爱玲从学校回来，与父母和弟弟一起吃晚饭，弟弟不知道说错了什么话，父亲一巴掌就打在了他脸上。弟弟大概是习惯了，也没作声，倒是爱玲心疼弟弟，用碗挡着脸，泪水吧嗒吧嗒往下落。继母在一旁笑："又不是打你，你哭什么？他还没哭呢。"

继母的轻描淡写让张爱玲内心的酸楚更甚，她默不作声地起身回房间了，可是不一会儿，她就看到玻璃窗外弟弟若无其事地玩球，仿佛刚才什么事情都没发生过一样。那个时候，从未有过的悲哀忽然就笼罩了黄昏中的这个女孩子。

这种悲哀不仅发生在弟弟身上，渐渐地，张爱玲自己也觉察出了一些别样的隔阂。这要从祖母的遗产说起。父亲张廷重与姑姑张茂渊所拥有的家产和地产虽然是按祖母遗嘱分妥的，但因为祖母离世时两人年龄尚小，所以都交给了同父异母的二伯父照管，直到张茂渊从国外回来，兄妹几人才开始正式交割。

房产与不动产之类的，都有契约，交接很简便，唯有一批宋版书，之前可能谁也没当回事，所以遗嘱里也没详细分配。可是到后来，这批书已经很值钱了，张茂渊以为这也应该算遗产的一部分，自己与哥哥张廷重自然也有份，但二伯父那里就不答应了。于是兄妹三人分作两派，各请了一个律师，准备对簿公堂。

本来一切证据都有利于张廷重与张茂渊，但是二伯父请的那个律师比较有经验，他不建议硬来，而是从分离张廷重与张茂渊的关系入手，攻破一个，另一个自然溃败。在这场官司中，张茂渊是比较坚决的那个，张廷重则态度期艾。二伯父就从张廷重那里下手，私下承诺给他一笔钱，叫他撤诉。张廷重本来就没有张茂渊那么坚持，加之孙用蕃在一旁劝说，最终撤销了自己的诉讼，张茂渊输了官司。自那以后，张茂渊对这个“背叛”了自己的哥哥心灰意冷，很少走动。

如此一来，常去姑姑那里的张爱玲就成了夹心饼干，尤其是在母亲黄逸梵第二次从国外回来之后，张廷重更是觉得自己养大的女儿，却偏向外边，内心甚是不平。所以当张爱玲向他诉说自己也想在中学毕业后到国外读书这个愿望时，他理所当然地拒绝了。

彼时的张爱玲，本是鼓足了很大勇气才对父亲说出自己的想法，她知道留洋的钱父亲还是拿得出的，这单凭他与继母每日里在床榻上吞云吐雾的花销就可以看得出。但是不想父亲竟然拒绝了，爱玲心里很受伤。母亲黄逸梵也托人来找父亲，试图就这件事再与其协商，继母孙用蕃知道了，冷笑道："你母亲离了婚还要干涉你们家的事。既然放不下这里，为什么不回来？可惜迟了一步，回来只好做姨太太！"

这话被爱玲记在了心里，但她敢怒不敢言，反而是与表姐妹相处中，更加沉默寡言了。本来她与一个相熟的表妹是很要好的，说起话来高谈阔论，偶尔笑得很大声。可那段时间，她总是在别人笑闹时，自己拿一个本子坐在旁边，不是画素描，便是写小说，很是忧郁。

也就是这个时候，日本人攻占闸北，爆发了八一三事变。张爱玲家临近苏州河，夜夜被炮声震得无法入睡，她趁机告诉父亲说要去跟母亲住一段，父亲同意了。

但万万没想到，两个星期后，张爱玲刚回到张宅，就被孙用蕃叫住，问她做什么去了，为什么没跟自己打招呼。

张爱玲老实地告诉继母，自己去母亲那里了，去之前已经与父亲说过。孰料孙用蕃忽然发怒，质问道："你和父亲说了？那你眼里还有没有我这个母亲？"说罢，跳起脚给了张爱玲一个耳光。

张爱玲蒙了，自幼被呵护着长大的她哪挨过打，何况是这么一个"外人"。反应过来后，她愤怒地要还击，被旁边的用人拉住，可是她的反击更加激怒了孙用蕃，这个继母哭着跑向楼上，尖声叫来张廷重。

"她打我，她打我！"声音急促如同防空警报。

在张爱玲还没反应过来之时，父亲已经大踏步从楼上跑了下来，不由分说便揪住她的头发，拳头雨点般落在了张爱玲身上，边打边骂道："你真是反了，我今天一定要教训教训你才是！"或许是内心也一度聚集着对张爱玲的怨气，此刻，张廷重全发泄了出来。

可怜的张爱玲被打得头晕眼花，但她只能默默忍受，母亲曾嘱咐过她，父亲毕竟是父亲，就是他打骂自己，也不许还手，因为传出去，总归是自己没理的。

爱玲不反抗，张廷重倒是越打越气，拳脚相加，嘴里还说："今天我非打死你不可！"幸好照顾爱玲长大的女佣何干奋力相拦，才把爱玲救了下来。

这一切发生的时候，继母孙用蕃始终站在一旁，嘴角挂着冷笑。

父亲被拦下后，张爱玲看了张廷重与孙用蕃一眼，想出去报警，父亲一个大花瓶就朝她掷了过来，还好她头偏了一偏，不然的话，后果很难想象。何干抱住她，哭着说："怎么就弄到这个地步了呢？"这句话，才使得张爱玲觉出天大的委屈，她也抱着这个从小把自己带大的奶妈，哭得泣不成声。

姑姑得知爱玲被毒打，赶到张宅来打抱不平，她质问张廷重，女儿并非他的私有财产，莫非要把她打死才算完？张廷重被骂得失去了理智，拿起水烟袋朝妹妹头上砸去，把张茂渊额头砸破，眼镜也砸了个稀烂。他还不甘心，又骂道："你既然已经离开了张家，就不要再回来管闲事，我家的事情与你无关！"

张茂渊捂着流血的头，被送往医院，临走时她愤然对张廷重丢下一句誓言："从此后我再不上你家门！"

张茂渊走后，张爱玲被父亲软禁在楼下一间空房里。除了一直照顾她的何干，张廷重不允许任何人接近她，包括弟弟张子静。接二连三的风波，加上继母孙用蕃不知在父亲跟前又说了些什么，张廷重甚至扬言要用手枪杀了自己的女儿，父女之间的情感彻底降至冰点。

“我生在里面的这座房屋忽然变成生疏的了，像月光底下的，黑影中现出青白的粉墙，片面的，癫狂的。”（张爱玲《私语》）

被关禁闭的那段日子，在张爱玲的眼里，连月光都流淌着杀机，那是怎样的一种发自内心的恐惧？！满天的飞机，轰轰地在头顶响着，她甚至渴望哪架飞机投下颗炸弹来，正好扔在自己家里，大家死在一起算了。

有的时候，张爱玲也想过逃走，但是大门口有两个警卫，她没那么容易出去。她只能在脑海搜寻自己以前读过的书，把里面所有关于逃脱的办法都回想了一遍，但总归没有合适的。何况何干看出了她的想法，还警告过她千万别想离开这里，因为一旦离开，就再也回不来了。但张爱玲不管这些，这个家对她来说无异于杀阵，也许逃出去，反而有一线生机。

尽管还没有想出可行的办法，但张爱玲还是每天都在门口走廊里锻炼身体，冀图某天有机会，健步如飞地离开这个牢笼。可惜天不遂人愿，有一日，张爱玲忽然病倒了，而且是很严重的痢疾。她每日里只能躺在床上，有气无力地望着花园里的花与树，那些大白花开得真丧气啊，以前怎么就没有发现呢？

张爱玲在《私语》里描写这一段的时候，她说自己病得差一点死掉，可是父亲却不许请医生给她治病，后来是她自己勉强挨过了半年，才从鬼门关捡回了一条命。但据张爱玲的弟弟张子静回忆，当时何干看她病得厉害，偷偷去求了张廷重。张廷重看到张爱玲的确病得很重，从前的恨意自然也减了几分，而且要是女儿真的病死了，他“恶父”的罪名是一定逃不了的。思前想后，张廷重还是背着孙用蕃去给女儿注射了消炎的抗生素，加上何干饮食上的调理，张爱玲的重病才得以渐渐痊愈。

张爱玲之所以在后来的文章中没有提到父亲给自己治病这段，也许是她病重时对这段记忆的模糊，也许是内心对父亲的怨怼已深，刻意忽略。但真正在治病这件事上起重要作用的，还是那位忠心耿耿的何干。假如没有她超越身份的勇敢直言，中国文坛也许就少了浓重一笔，20世纪三四十年代的上海，也会多了一些寂寞吧。

黄逸梵知道女儿被监禁，心里也很牵挂，可她毕竟不是个普通的母亲，她身上的理性与决断也是普通男人都不及的。她托人告诉女儿，要是想来自己这里，就不会像在张家那般锦衣玉食了，一切都要靠自己。所以，一定要想好。

而张爱玲此时已经顾不上许多，逃出这个冷酷压抑的地狱般的家，是她此时唯一的愿望。终于，机会来了。这个机会还是拜何干所赐，爱玲就是从她口中套出两个巡警的换班时间的。

这是一个隆冬的深夜，家里人都睡了。爱玲用一个小望远镜在玻璃窗后面观察，当确认门口及四周都没有人之后，她一步一挨地来到大门口，轻轻拔出门闩。门打开之后，她随手把望远镜放在了牛奶箱上，闪身走了出去。

站在刮着冷风的街道上，张爱玲似乎还有些不敢相信，这囚禁了半年的时光真的结束了吗？她眼中那“灰扑扑，懒洋洋”的生活真的结束了吗？因着怀疑，她还有些发抖，风呜呜叫着，如黑色的现实。爱玲终于拔腿跑起来，脚步轻快，然而每踏出一步，都仿佛是庆祝的鼓点。她跑到了一个三轮车跟前，叫他拉自己往母亲那里去，问了价钱，又讲价钱——是忽然恢复自由太快乐了吗？甚至忘了要快快逃离。要知道，这里离大门还不是很远，一旦被人发现，她是即刻就会被抓回去的。

但爱玲终于逃出来了，在重见天日的喜悦与对父亲继母充满仇恨的复杂感情之下，她把这段经历用英文写成了文章，再度投稿给《大美晚报》。这是一份外文报纸，是张廷重常年订阅的，编辑在欣赏张爱玲的文笔之余，还给文章拟了一个响亮的标题“What a life,that a girl's life!”。张爱玲希望张廷重能够看到，最好能大发雷霆，但她不管了，反正她逃出来了，张廷重再也不能嚷着“今天我要打死你”拳打脚踢她了。这篇文章，仿佛是给父亲继母，还有那个家一个响亮的还击。

据说何干因为这个事情受了很大牵连，被父亲大加责罚，但何干还是偷偷地把爱玲小时候的玩物运送出来不少，她是真心疼爱这个自己带大的、敏感又倔强的女孩子啊！

后来，弟弟张子静也找来了。瘦瘦的他在门口站着，随身只带了一双球鞋，拿报纸包着。他也要来跟妈妈一起生活，黄逸梵没有接受。因为以她的能力，只能养活一个人。女儿是回不去了，只能收留，但儿子总归是张家的后人，回去也不至于坏到哪里吧。在这个时候，黄逸梵再度拿出她的理智与决断。最后，儿子哭着离开了，爱玲看着弟弟拿着球鞋的背影，也哭了。

逃离与新生，隔着一线。翻越过去，是万水千山。

05 自由里的不安

那个冬夜，那种寒冷，终于被远远地抛去了。爱玲来到了母亲身边，这里的一切都是她曾经所期待的那种柔和与温暖。父亲对她的逃走以及《大美晚报》上的文章怒不可遏，继母甚至把她所有的东西都分送了人。总之，这一切都意味着，那个苏州河畔的家不再属于张爱玲了，她是再也不能回去了。

至此，张爱玲与父亲的关系彻底僵化，但幸而还有母亲黄逸梵。尽管母亲与自己的关系不像普通母女那么亲密无间，但血缘关系是谁也无法分割的。

黄逸梵这次回国，很大一部分原因是为了爱玲出国留学，可是张廷重先是拒绝支付学费，又发生了毒打和囚禁的事件，留学的事情就暂时被搁置了下来。

搁置不等于放弃，此番爱玲逃到母亲身边，尽管黄逸梵手头拮据，还是为她请了一个犹太人补习。母女俩的目标是考上伦敦大学，为此支付每小时五美元的高额补习费也在所不惜。

在此之前，黄逸梵已经再度向女儿确认过：要是早早嫁人，就可以省下读书的钱打扮自己——也算是为嫁个好人家投资；要是读书，就没什么钱来做衣服了。张爱玲自然毫不犹豫地选择了后者。

读书的确是爱玲心头大事，她也很争气，转年的入学考试中，取得了伦敦大学远东区第一名。无奈当时欧战爆发，她没能去成伦敦。

自成年以来，母女俩还是第一次有这样的机会单独相处。黄逸梵也是从这个时候才开始了解女儿，她这才发现爱玲在生活方面的低能——她连个苹果都不会削，不喜见客，不认路，基本生活自理都困难。

黄逸梵把她研究了一番后，叹息说："我宁肯当初不去照顾你的伤寒病，让你死了，也不愿意你活得这么痛苦。"

之所以这么说，跟黄逸梵自己的经历不无关系。想当初，她第一次出国时，一句外语不懂，只携带了她分得的那份家产——一箱子古董，还有一些古董变卖的钱。在国外生活几年后，她不但能说一口流利的外语，还学会了游泳、雕塑、油画等这些以前从未接触过的西洋文化。尽管她是个小脚女人，可她偏喜欢穿高跟鞋。小脚怎么了？她走过的天地，比那些宽脚板的男人还远呢！她给亲戚们看过一些照片，是她穿着游泳衣从泳池里上来，还有她与张茂渊在阿尔卑斯山滑雪。向人们述说这些经历时，她很骄傲。

因此，当黄逸梵看到女儿对于生活如此迟钝时，就不能不叹息了。尽管如此，作为一个母亲，她的责任不可逃避。她怀着一丝改造女儿的希望，试图用两年的时间教张爱玲学会独立。从学习用肥皂洗衣服，到行路的姿势如何规矩、如何看人眼色、如何照镜子研究自己的神态，甚至天黑点上电灯的时候，切记要拉上窗帘。

而张爱玲最受用的，也是在她的作品里总不断出现的——母亲教她的：如果没有幽默天才，千万不要说笑话——这是母女如出一辙的冷静。可接人待物方面，张爱玲自认愚笨且顽固，两年的培训没有给她的行动里注入更多家长里短式的规矩，她依旧不懂如何做一个在现实生活中游刃有余的人，这着实让黄逸梵伤透了脑筋。

张爱玲欣赏母亲的神秘与辽远，但却无法像她那样持有一种健康蓬勃的人生观；母亲看得到张爱玲文学方面的天赋，但却无法认同她在生活里如同一个“废物”般的举止。

还有一点，黄逸梵当时回国时还带着一个美国男朋友，但是为了女儿，她暂时与男朋友分居两处。对她这样独立自我的女性来说，这已经是一种不易的牺牲。加上爱玲住在她那里，花销增加了一倍，却没有什么收入，日子难免有些窘迫。黄逸梵本是个清高的人，从来不把钱放在眼里，两个不如意交集，此时心里也不免生出了一些埋怨，常常疑心自己在爱玲身上的这些付出是不是值得。

敏感孤傲的爱玲何尝体会不到这些，她更沉默了，常常一个人在公寓楼顶阳台上长久地徘徊，看西班牙式的白墙在蓝天上切割出的线条，断然而凌厉，如同今日生活里每一步的选择。赤白的日头照着她的身体，让她顿生一种感觉——天地无限大，而自己赤裸裸地站着，面对未来的惶惑与恐惧，没有一分的遮挡。

回忆起中学即将毕业时的雄心壮志——她要去英国读书，要学卡通画，要超过林语堂，要在上海有一所大房子，要周游世界，过一种干脆利落的生活……这一切在被囚禁的日子里，一丝一毫都想不起来，如今想起，却恍如隔世。因为那时她是不闻世事、肆意尊贵的娇小姐，如今却是在困窘里重新学习生活的落难公主。

因着每次去问母亲要钱所遭受的冷语，她后来总结似的感叹："能够爱一个人爱到问他拿零用钱的程度，那是严格的实验。"（张爱玲《童言无忌》）

外在的世界被打乱，内在的那方天地却更为蓬勃的发展。在别人注意不到的隐秘之处，张爱玲自有她的懂得与快乐。

张爱玲懂得如何欣赏一场电影或戏剧，懂得苏格兰士兵吹的风笛里缥缈着多少思念与乡愁，能够享受吃盐水花生的乐趣，能够解读雨中的霓虹灯有着怎样曼妙迷离的光线……

这个时期给予张爱玲性格上的影响，敏感与悲观更多些，如果说之前在父亲那里只是肉体受折磨，精神却独立，在母亲的改造中，她自觉"思想失去均衡"，矛盾的拉扯令她变得更为敏感和自卑。

在这个中国最繁华开放的都市，在这个空气中同时流淌着战争与享乐的上海，张爱玲怀抱寂寞与无助，与这片天地默然对抗，倔强而隐忍。这个家族已经给了她足够清醒的意识，足够让她冷眼看待与自己相关的一切，并且暗暗冷笑、拆穿。

"在没有人与人交接的场合，我充满了生命的欢悦，然而我一日也不能克服这种啃噬式的小烦恼。生活是一袭华美

的袍，爬满了蚤子。”（张爱玲《天才梦》）

这是属于张爱玲一个人的小时代。这个时代即将结束，现在，她渴望着离开，也终究会离开。

叁 初渡香江

01 青春作伴

1939年，张爱玲前往香港大学读书。

终于离开了暗沉沉的、压抑的环境，张爱玲只身一人来到了梦幻般的香港。港大并不是她心仪的学校，可是伦敦大学又去不了，只能退而求其次了。

“望过去最触目的便是码头上围列着的巨型广告牌，红的，橘红的，粉红的，倒映在绿油油的海水里，一条条，一抹抹刺激性的犯冲的色素，窜上落下，在水底下厮杀得异常热闹。”（张爱玲《倾城之恋》）

这一段关于香港海的描写，借的就是她初到香港的印象。如果说当时的上海有着迷梦一般的斑斓，那么香港的色彩则是剧烈的，硬生生地撞击过来，让初来乍到的爱玲有些头晕。

码头上，迎接爱玲的是姑姑张茂渊的好朋友李开弟，他是母亲托付的监护人。此人是个工程师，外表稳重正派，又透着机智，他是姑姑与母亲一致选定的可靠之人。那个时候，张爱玲还不知道姑姑早已经暗中相中了这位好友，只是苦于缘分参差，一直等了五十二年，才终遂心愿，嫁做李家妇。

当然，这些都是后话了。现在，李开弟只是张爱玲的监护人，还不是姑父。他也只知道张茂渊这个侄女有些内向，自己也就简单地问候了几句，便把她带到了半山的香港大学。

到校后，张爱玲注册登记，分到了宿舍，然后，大学生活便开始了。

当时的香港，是隆隆炮火声外一方暂时清静之地。内地富商官宦们多把子女送过来读书，还有一些东南亚侨民的富家子弟也在港大上学。因此张爱玲的同学多出身阔绰，相比之下，她是最寒微的，显得有些格格不入。但张爱玲并不觉得怎么样，反正她已经孤独惯了，在人群中反而不如独自待着自在，而且可以将周边新鲜的环境全部打捞、沉淀在心底，慢慢咀嚼回味。

香港大学位于半山腰，可以俯瞰香港全景，校园内外处处林木葱茏、花树缤纷。有一种花爱玲在内地从未见过，羽毛扇子一般的花朵，火火地燃着，仿佛能听得到噼里啪啦的声响，叶子像凤尾草那样玲珑，一枝枝举着。英国称这种花为野火花，广东人叫影树，和它的形象一样，是个捉摸不透的名字。透过稀疏的树丛，可以看到山下面蓝绿的海。这景象常常让爱玲诧异且喜爱，似乎生命也似这热情的花朵，在慢慢绽出新的色彩来。

身旁的同学也是各色各异的。有一个爱衣服的，来上学带着好多个大箱子，里面是各色衣服，从上课到游玩，再到晚宴、舞会，搭配应有尽有；还有一个是从内地来的，每每说起战争，都有许多见识，讲得爱玲和同学们心惊肉跳。

虽自觉与多数同学不属于同类，但张爱玲在这里有了一个好朋友——炎樱。这个混血女孩在张爱玲的生命中，是一个长久的停驻者的身份。

炎樱是锡兰人——现在的斯里兰卡——姓摩西甸，父亲在上海开珠宝店，母亲是天津人。据说当初为了嫁给炎樱父亲，母亲不惜与家人断绝了关系。因为是东方人种的混血，所以炎樱跟中国人差别不大。除了皮肤黑点儿之外，娇小的体态稍显丰腴，瓜子脸上，丹凤一般的眼睛颇有风情。

炎樱是个古灵精怪的女孩子，有着天然的狡黠。两人一起乘船由上海来香港，船尚停泊在港口，她们在甲板上遇见一个妇人，听见她对别人说自己很容易晕船，炎樱便开始晃起肩膀，还叫张爱玲和她一起晃。果然不一会儿，那妇人便扶着头走到船舱里去了，其实船根本没开呢。炎樱笑得弯了腰，张爱玲也乐了。

爱玲在洗手帕，一方方的精致帕子：桃红、果绿、琥珀、秋香……斜斜地贴满了墙。炎樱不知道从哪里跳了出来，拍手道："嗬，漂亮的画！"看到山上刚升起的月亮，近处一颗小星像是跟它做伴似的，便说："月亮叫喊着，叫出生命的喜悦，一颗小星是它的羞涩的回声。"她的形容词鲜明生动，令人侧目，与张爱玲有种相互映照的机智，深得张爱玲喜爱。

炎樱是张爱玲给她起的名字，她不甚喜欢，自己还叫原来的名字——莫黛。后来她从一个教授那里得知日本有一种吃梦的怪兽叫貘，与自己的姓音近，就改莫为貘。可是貘黛不小心听起来就像“麻袋”了，于是再度改为貘梦——她就是总有这样的奇思妙想。看到开得红灿灿的木槿花，她说那是烧残了的小太阳；她说一个女子头发黑，就说黑得像盲人一般。在外面的报摊上，她把各类杂志报章翻了一遍，却一份也没买。卖报人讽刺地说：“谢谢你。”她倒是大度地一摆手：“不客气。”一点不觉到对方的促狭，反像是自己给了人家恩赐一样。天生的大方与随性，这点，爱玲自认做不到。

两人共同的喜好是吃，都喜欢软的、甜蜜的东西，比如加了奶油的各色点心。她们俩一起吃的时候，还要劝诱着让着对方多吃些，彼此都像是对方的小朋友，透着深重的懂得与相互欣赏。

看到那些火红的或者烟蓝的热带花朵旁，偶有蝴蝶翅膀扇动的痕迹，炎樱都会在一旁欢快地叫：“你看，它回来寻找前世的自己了！”依炎樱看来，每只蝴蝶前生都是一朵花，如今它回来就是为了寻找前世的灵魂。

这样的言语，也只有从炎樱这样娇俏的女孩子嘴里说出来，才不会显得做作，还相当贴切灵动。张爱玲欣赏这位好友，这份友谊可是她在港大读书收获的珍宝啊！及至寒假，本来说好都留在香港不回去的，炎樱却拗不过家人而回了上海。张爱玲知道后，在宿舍里哭得惊天动地。那也许是她成年后第一次把悲伤释放得那么淋漓尽致．连在父亲的拳打脚踢之下，她都没有这么不加掩饰地发泄。只因这份友情在心里太重，以至于稍微有些倾斜，便承受不住了。

这份友情贯穿了张爱玲与炎樱的青春时代，见证了两个人最美的年华。爱玲零零散散地用文字记录下了炎樱的许多好玩之处，还有一篇《炎樱语录》收录在她的散文集里，文中的炎樱字字珠玑、妙趣横生。

炎樱的有趣，不仅在她的语言上，她日常的行为也颇与周围的同龄女生不同。譬如她买东西喜欢抹去一些零头，做学生时如此，回到上海亦如此。在上海虹口犹太人开的商店里，炎樱买了一样小玩意儿，她递过去的钱叫犹太人瞪大了眼睛："这可不够呢，小姐。"

炎樱丝毫不怯，回瞪了过去，把皮包倒给犹太老板看，"你看，只有这么多钱了，真的……哦，这儿还有二十块，可是我要去吃茶呢。本就是为吃茶来的，没想买东西，看你这里货色实在好……"

犹太老板无奈地笑笑，微弱地抗议，然而那抗议毕竟是无力的。一向以精明著称的犹太人此时也败在这天真无邪的锡兰女孩手下了，他也不去想这二十块哪里够喝茶，反而向炎樱介绍周边哪家茶室的蛋糕最好。炎樱的孩子气也是一种聪明，也许她让老板想起了自己的生活，也许他的生活里就曾有过这样一个娇俏的初恋情人，或者妹妹吧。所以，他成全了炎樱，就如同成全了自己的念想。

02 书香岁月

1939年3月26日，“中华全国文艺”抗战协会在香港成立。当时的香港，因为远离战火的洗礼而成为抗战前期的新文化运动阵地。自从七七事变以来，大批知名文人如茅盾、夏衍、萧红、端木蕻良、戴望舒等都曾在香港办刊写文，各种文艺刊物层出不穷，令香港的新文化运动达到了前所未有的高峰。但这一切，并未对张爱玲产生影响。这并不是说她对写作的热情已经消减，而是她将自己定位在更高的维度上——爱玲希望自己能够像林语堂一样，打破中西语言文化的隔阂，将自己的文字展示到全世界。所以，她要暂时放弃中文写作，一心学习英文。

在课堂上，张爱玲刻苦攻读，课余还读了大量的西方名著，萧伯纳、毛姆和劳伦斯等人的作品对她影响甚大。自然，她读的都是英文原版，甚至连与母亲、姑姑写信，也都用英文交流。姑姑熟谙西方语言文化，常常还会挑出爱玲语法上的小毛病。她娟秀的蓝色字写在粉红色的复写纸上，那纸极薄，像一片春夏交际的叶子，载着情趣，爱玲每每看到都欣喜不已。在这种氛围之下，爱玲的英文日渐娴熟，读文学作品早已不在话下，就连外文的科学书籍，也能非常流畅地阅读领会。

港大的学风严谨而又自由，这里的教授也风格各异，但他们都知道有爱玲这个沉默孤独的女孩子，因为她的学科成绩总是能考到第一。他们注意爱玲的同时，爱玲也在打量着他们，常躲在下面给教授们画素描像。

教中国古典文学的，是一位长衫长髯的老先生，与他所教的学科一样，颇有些古风遗韵，每次听到他拖着长腔念古文，爱玲的思绪都被牵得很远。教中国文学的像个学究，教西方文学的自然像个绅士。绅士最爱讲莎士比亚，一个笑话年年讲，讲了这么多年，笑话也不好笑了，莎士比亚也乏味了。

除了这两位，教历史的佛朗士教授显得很异类。他在中国居住了太久，似乎跟中国文化都贴在了一起，与中国教授一起同游广州，还要到尼姑庵看小尼姑。家里也很与众不同，不喜欢电灯这些象征文明的器物，把好好一间房子用来养猪……这是个豁达随性的人，他在课堂上向爱玲与其他同学灌输的，是他眼中的世界与历史。

在港大期间，爱玲唯一的一篇中文写作是因参加《西风》杂志创刊三周年的征文。这本杂志在20世纪30年代红极一时，其办刊主旨为“译述西洋杂志精华，介绍欧美人生社会”，不但颇受国内新思想人士欢迎，就连在华的外国人都喜欢订阅。所以征文的消息一刊出，便引来了社会各界众多的参与者。

张爱玲本来无意凑热闹，但是看到首奖奖金有五百元之多，便动了心。那时候的她靠母亲供给学费，时时内心窘迫，还好学习成绩优异，有奖学金可以贴补，但心心念念还是希望减轻些母亲的负担。这笔奖金就这样让她动了心，也许还有更重要的一个因素是——她对自己的文学天才相当有信心。而那篇参加征文的文章名字，就叫作《天才梦》。

这篇带有自传性质的散文，笔法老到，内容有趣。透过文字，似乎能看得到作者的七窍玲珑心，也看得到她的憨态可掬貌。

“我是一个古怪的女孩，从小被视为天才，除了发展我的天才外别无生存的目标。然而，当童年的狂想逐渐褪色的时候，我发现我除了天才的梦之外一无所有——所有的只是天才的乖僻缺点。世人原谅瓦格涅的疏狂，可是他们不会原谅我。”（张爱玲《天才梦》）

这是《天才梦》开首第一段，虽自称天才，却并无狂傲，只是一五一十，娓娓道来。接着，爱玲把之所以称自己为天才的原因一一拆解：三岁背古诗《泊秦淮》，使听者落泪；七岁写小说，不会的字要跑去问厨子；第二部小说写的是个悲剧，第三部写的是理想村，及至将练习簿订在一起预备写一篇洋洋洒洒的大作时，又失去了耐心，那时候，她才不过八岁；还有音乐与绘画……林林总总，所作所为的确超出同龄儿童，约莫够得上一个天才的称号吧！

但到后半部分，笔锋一转：这天才只是艺术上的天才，在生活中却有着种种愚笨的行为，尤其是接人待物近乎白痴，无法与周围人打成一片。母亲的两年改造计划宣告失败，无比沉痛地宁愿女儿当初死掉，也不愿意她活得这么痛苦。

写到这里，这天才似乎也太悲惨了些，好像没有什么价值，但文章又是一个转折：虽然生活里这些物事自己不擅长，可是自己在其他地方却有着别样的欢悦：

“我懂得怎么看《七月巧云》，听苏格兰兵吹bagpibe，享受微风中的藤椅，吃盐水花生，欣赏雨夜的霓虹灯，从双层公共汽车上伸出手摘树巅的绿叶。在没有人与人交接的场合，我充满了生命的欢悦。可是我一天不能克服这种咬啮性的小烦恼，生命是一袭华美的袍，爬满了蚤子。”（张爱玲《天才梦》）

尤其是最后一句，初看只觉言语新鲜，细品才知滋味深厚。

果然是天才！

只有张爱玲，才格外能感受到生活华美的质感，与华美之外咬噬的小烦恼。那年炎樱寒假回沪，爱玲跟着远亲去湾仔的新春市场看热闹。海湾里竟然藏着一个如此热闹的所在，着实叫爱玲大开眼界。新春市场类似于北方的庙会，卖各色物品的摊子一家接一家，似乎要排到天上海里。小锦囊、古花瓶、佛珠、十字架、虾片还有榴莲糕，密密层层的人，密密层层的灯，但最触目惊心的，是那些自卖自身的女孩子。爱玲忽然被惊着了，那些女孩子稚气未脱，却带着妓女的眉眼，被那些英国水兵拉走……这都是些读不起书的女孩子？她想起与同学间曾有过的讨论，即使读了大学，也不过是预备嫁一个好人家而已。

这些，让张爱玲深深地震撼了。在香港这座华丽靡奢的城市里，她所处之地，一边是天真清净的知识殿堂，一边是物欲横流的拜金主义，明与暗、冷与暖、悲哀与欢乐，是如此错综复杂。这些纹路深深地印在了港大女生张爱玲心中，也为她以后的香港传奇系列作品打下了基础。

03 战乱时光

港岛的光影交织还来不及沉淀，忽然间，战争就来了。

那是1941年12月初，太平洋战争爆发，香港海上响起了隆隆炮声。

这时节，正值港大大考，因着连天的炮火，学校决定取消考试。这个消息带给同学们的震惊程度绝不亚于战争本身。对学生来说，战争再残酷，毕竟也是远的，考试可是近在身边的头等大事。待免考的消息坐实，港大一片欢腾，像是得了大赦。头天还在发愁考试的学生们把书本一抛，狂欢节似的闹腾起来。

但很快，学生们发现事态的严重性了：眼见高射炮就架在不远处的屋顶，炮弹已经在头顶响起。子弹穿梭，带着尖厉恐怖的声响，吓得这群孩子四处乱跑，宿舍成了唯一的避难所。可是宿舍也挡不住四处轰鸣的炮火，舍监就催促大家下山躲避。

那个带着几箱子衣服来上学的女同学，这时候反而没有了合适的衣服，到处找同学借，最后借到一件宽大的黑色棉袍，慌忙套上，朝山下奔逃。数日后再相见，差点认不出来，她把头发剪得短短的，冒充男子。战争的真实与可怕，也是从那个时候起，真正具体了起来，具体到让一个处处讲究、爱美丽的姑娘，完全为了生存而改变成另外一个形象。

让爱玲印象深刻的，还有一个读医科的苏雷咖。她来自马来半岛的一个小镇，棕黑色皮肤，瘦小的个头，也是出了名地爱衣服。但她最有名的还不是这个，而是进学校时，她到处向人打听，解剖的尸体是不是穿衣服——爱玲提到她这种受过修道院教育的行为，说她“天真得近乎可耻”。在舍监催促下山的紧急中，苏雷咖也不忘打点自己满箱子的华服，并且真的把沉重的箱子扛了下去。

那个从内地来的，据说身经百战的同学叫艾芙林，本来以为她对战争最有经验，至少也是见怪不怪了。不想炮声一响，她反而第一个大哭了起来，边哭边诉说着战争的可怕，讲得比以前更加详细恐怖，把身边的女同学吓得脸都变了颜色。这还不算，那时候她们躲在宿舍底层的箱子间，身边存粮不多。艾芙林为了压制自己的恐惧，反而吃得更多了，一边吃一边抽泣，仿佛吃了这顿就没机会吃下顿了。其他人看食品日益减少，担心撑不住，想实行配给制度。艾芙林自然强行阻挠，以至于后来得了便秘。

大家躲在宿舍底层黑沉沉的箱子间里，外面枪林弹雨就在耳畔。连做饭的都不敢走到明处去洗菜，因此那菜汤里常有虫子——还好虫子没有子弹那么致命。

这个时候，炎樱的与众不同又显现了出来。她是唯一一个不惧外面枪炮的女孩子，因为她可以冒着被击中的危险到城里去看一场卡通，回来后，还要到楼上浴室去洗澡，一边洗一边大声唱歌，好像外面飞梭的弹壳打在墙上、玻璃上的声音，都只是一种伴奏。舍监听见歌声，气得发疯，但也不敢冒着危险上去把她逮下来。炎樱的歌声飘着，犹如对战争的一种对抗。

港大全面停课并停止办公了，本地学生回家，异乡的失去了食宿供应——假若不回内地，张爱玲唯一可以选择的是参加守城。

张爱玲糊里糊涂地与其他同学一起去防空总部报名，领完证章回来，刚上了电车，空袭警报忽然拉响了。一车人蜂拥而下，跑到最近的门洞下躲避。人们拥挤在一起，呆呆地望着外面。蓝色的天空下，电车孤单单地停留在街心，四周一个人也没有。巨大的荒凉与遗弃感瞬间包围了张爱玲，她转头看向身旁惶恐的人们，空气中除了散乱的眼神，还有脑油的味道，在这个冬天，一起发酵。

《封锁》这篇小说，也许就是在那个时候生根发芽，一点点长出来的吧。

那就是一辆被防空警报阻隔了的停驻的电车，车上的一对男女——吕宗桢与吴翠远，因为某个原因搭讪，继而各怀心思，在这个孤岛般的空间里，忽然就恋爱起来了。他们互相倾诉着，端详着各自的内与外。外面的世界像是一个不确定的黑洞，只有这里，只有此刻是安全的。时间只为他们两人停了下来，从古至今那么长久，够他们交换电话，私定终身……然而封锁忽然解除了，各人回了各人的世界。再回想起刚才那一幕，彼此的脸都模糊了……

“整个上海打了个盹，做了个不近情理的梦。”（张爱玲《封锁》）

现实与故事一样，警报解除了，大家又跳上了电车，各自赶路，刚才的惊吓与忧惧，就像一个哈欠，闭上嘴就忘了。

可是回到学校，张爱玲知道了一个让她震惊的消息——佛朗士教授死了。他是怎么死的呢？说来也真是让人唏嘘。他像其他英国人一样应征入伍，可是去军营那天，他可能还沉浸在自己关于学术的思索中，连哨兵的吆喝都没听到——于是，哨兵开了枪。

爱玲不敢相信这是真的，从此再也看不到佛朗士教授的瓷蓝眼珠和他的圆下巴了吗？佛朗士教授是那么一个独特的人，独特的行为与见解，孩子似的胖圆脸，红红的。他嘴上总叼着一支香烟，在课堂上，兴致高涨地向同学们快速讲述着历史，让人疑心那烟时时会掉下来，然而这担心却总是多余的。及至烟烧到了末梢，他潇洒地一扭头，将烟屁股往窗外一甩，几乎是贴着窗口女生的头发飞了出去。可是这样一个随性的渊博的教授去了，他简明扼要的世界观以及他还没来得及教会大家的许多东西，都再也听不到了。

让爱玲可惜的是，佛朗士这么一个好人，死得却如此暗淡——他算不上为国捐躯，即使是为国捐躯又怎样，他本是很瞧不上英国的殖民政策，觉得那不过是世界上诸多傻事中的一件。如今，他死在这件傻事里，还死得有些傻气。

还来不及惋惜，更加不可思议的事情又发生了。在做守城工作期间，爱玲他们只分得了米和黄豆，日日饿得发慌。然而政府的储藏室里，大批的牛肉因为冷气坏掉而腐烂变质，就是不肯分给众人。那些时日，爱玲他们吃的小面包只能用椰子油来烤，吃得满嘴肥皂味。肚子是第一紧要的，因此各个机关都加入了抢米抢粮的行动，简直要忘了防空守城这件事！

捧着饿了两天的肚子去上工，爱玲走路都像是在飘。她随身携带了一本不知道从哪里扒出来的《官场现形记》，在昏暗的光线下，费力地一个个辨认着那极小的字体。眼睛肿痛，肚子也在咕咕叫。不管了，暂且用精神食粮填充着，这个时候，也许一个炸弹下来，就没有明天了，哪还管眼睛？只一心想着，千万要让我看完再说啊！

战乱的时代里，人们都在拼命地去抓一些看上去比较可靠的东西。生命无常，要在有限的时日里完成人生大事，比如结婚。在防空办公室里，有一对来向防空处长借汽车的青年男女让张爱玲印象深刻。男的是个医生，女的似乎是他手下的看护。因为战时找不到结婚礼服，她就穿了一件镶着墨绿色花边的淡绿色的旗袍，红脸蛋上笑意盈盈。那男的本不是慈眉善目之人，此时望向他的新娘子的目光，也带着一种恋恋不舍的温情，一切大概都因战争中的艰难，让人们不由得多了些珍惜。

张爱玲看着他们，在饥饿与恐惧的间隙，也无端地笑了起来，这是黏稠空气里难得的清新。

在这些大大小小的事件中，战争慢慢度过了。就像一个极瞌睡的人坐在冷板凳上，不管怎么抱怨不舒服，最后到底还是睡着了——战争对于爱玲他们这帮年轻人来说，也就是如此了。

04 沦陷之后

战后进入了一个疯狂的时期，大约是忽然放开禁锢所带来的狂喜与失控吧。世界变得从未有过的可爱，劫后余生的感觉让人们用新的目光打量这座城市——这碧水蓝天，真的是重新属于自己了吗？一旦确定后，身体也开始宣布主权，立时感觉战时一直没有填饱的肚子开始抗议，大家疯了一般出去寻找吃的。一家家地挨着问有没有冰激凌，问到对方点头许诺明天有，第二天就当真走一两个小时来赴约。尽管这份冰激凌比战前昂贵得多，尽管嚼到嘴里的都是冰凌碴儿，也觉得那凉里透着新生的喜悦。

街上忽然多出了许多卖饼的、蹲在小风炉后面的小贩，一个个分明是还穿着洋行制服的职员。他们纷纷在业余从事起这种投机买卖，仿佛统一了口径一般，卖一种干硬的小黄饼。到后来，渐渐也有了面包和三角饼，甚至还有了颇让人怀疑的椰子蛋糕——反正那个时节，因为没了汽油，汽车店也改成了饮食店，没有一家绸缎庄或者药房不兼卖糕饼的，就像是全城大部分的人都改行做了糕点师傅。

在街角，爱玲她们迫不及待地吃着滚烫的萝卜饼，也不管不远处就是穷人紫胀的尸首。吃，成了第一位的事情，哪怕由正大光明变得有些可耻。

吃饱了，才注意到街上还有些其他摊子。人们仿佛把囤的货全搬了出来：胭脂、西药、罐头，还有抢来的西装、布匹、呢绒和素丝窗帘。爱玲和其他女同学天天下山到城里逛着，哪怕不买，看看也好。也就是这段紧促慌乱又喧闹可笑的日子，教会了爱玲怎样从买东西里获得乐趣。

女生们全部都在忙着买吃的，忙着买唇膏，男生们也为吃想尽了办法。有一个在同学中画画颇有名气的安南学生，后来一度说自己笔下的线条不像以前那么有力了，就是因为那段时间他炸了太多的茄子，胳膊累坏了的缘故——要问他为什么每天炸茄子，那是因为除了炸茄子他压根儿也不会做别的。

校园里也不是所有的人都对吃这么狂热，一个叫乔纳生的华侨子弟就显得很愤恨。他是投身了战争的，本以为作为大学生投笔从戎应该格外受到优待，可是在战壕里收到的命令竟然是要他和另外一个同学冒着枪林弹雨去抬一个伤兵。对他来说，这简直是一种侮辱，难道他们两条人命不抵伤兵一条命吗？！

但没有人注意到乔纳生的愤愤不平，大家都在各忙各的。张爱玲他们去做了“大学堂临时医院”的看护，那些伤病者除了其他医院的普通病人，还有战乱中趁火打劫被打伤了的和中流弹的苦力。他们住在男生宿舍的餐堂，枕头不够用，就把床挪近柱子，方便他们倚靠着就行。

这些伤者多是沉默的，散发着各自伤口上的臭气，然而又无可奈何。在漫长的时日里，也发生了一些有趣的事情：一个有钱的病人雇另一个病人出去给自己买东西，那个被雇者穿着宽袍大袖的住院服满街跑，被院长发现了，一阵大骂；还有一个即使在伤病中也改不了手长的毛病，在他的褥子下竟然发现了一卷绷带、好几把手术用的刀剪，以及几条医院的制服裤子。

看他们的日子实在过得太不耐烦了，上头便吩咐他们做些简单的劳作——捡米里的沙石和稗子。渐渐地，他们也习惯甚至喜欢上了这种单调的工作，逐渐安静下来。爱玲她们去帮助这些人换药的时候，他们注视着自己的伤口，眼光温柔了许多。

在医院里做看护，就免不了上夜班。爱玲倒也不怵上夜班，虽然有十个小时，但晚上病人都睡了，也没多少事情，顶多要方便，爱玲她们就叫门口的杂役拿夜壶。其余的时间，爱玲坐在屏风后看书。到半夜里，通常还有夜宵，是牛奶和面包。如果说还有些遗憾，那就是病人的死亡也通常发生在深夜。

有一个得了重病的人，日日呻吟，同学们无不害怕且厌烦。终有一天——爱玲记得那是个从未有过的寒冷的黑夜。她抱着牛奶瓶去厨房，费力地刷完黄铜锅，将牛奶倒进去热。那重病之人的呻吟还是不绝于耳，但她已经麻木了。天亮的时候，这人终于死掉了。大家为他的死欢喜了一阵，爱玲和同伴到厨房里用椰子油烤了一炉小面包，以此庆祝。看着炉火，她却在心里想：痛苦的人离去了，自私的人就这样活了下来，若无其事的。

这时，爱玲偶然遇见了苏雷咖。看到她的时候，她正穿着赤铜底儿绿寿字织锦缎棉袍，蹲在红十字会分所的地上，给炉子生火。彼时她在那里做看护，但全然不是之前那个修道院教育出来的女孩子了。她与男护士混得很好，与他们一起吃苦，共担风险，在这样的锻炼中，人变得开朗干练了。爱玲觉得，战争对苏雷咖而言，反倒是一个很好的教育。至少比那些因为战争而似乎拥有了感伤权利的男男女女要好吧，他们把战后这段无人监管的时间当成了恋爱的时机。本来嘛，饮食与男女这两项是任何文明都无法阻止的人的本能。

沦陷后的香港，学生也是要学日文的。派来教爱玲她们日文的是一个俄国人，他看中了爱玲画的画，尤其是一张炎樱做模特、穿着衬裙的肖像，他愿意花五块钱买下来，而且这钱是不含画框的。

爱玲内心自然是得意的，她自己也觉得这一时期的画，简直是大大超出了素日的水平。因为不用上课，她那段时间画了不少肖像画。炎樱热心地帮她着色，多是用蓝和绿，让人联想到"沧海月明珠有泪，蓝田日暖玉生烟"的微妙。那些人物肖像颇值得做些小传和注解，都有线条后深藏的故事——那斗鸡眼的二房东太太，一看便知有着暴躁的脾气；还有爱美的少奶奶，整个头和颈便是理发店的电气吹风管，左看像狮子右看像狗；还有蹲着的衣衫不整的妓女，露着红丝袜的尽头与吊带袜……

爱玲甚至觉得这些肖像画都有些不像是出自自己的手，

而且她知道，离了这段时光，她也许再也画不出这样的画了。一个重要的启示忽然撞进她的脑海：想做什么就赶紧去做，否则，就可能来不及了。

战乱的时光，对于爱玲究竟意味着什么？是一场灾难，还是灾难之下形形色色的人的嘴脸与心灵的放大呢？不管情势如何危急，总有些自私自利、自我主义的灵魂奔走跳跃。他们心中没有国与民，只有麻木地为了生活而不顾一切地生活下去。

这些，让爱玲叹息，然而她觉得自己又没资格批评他们，因为自己也是那自私自利中的一员。追求的伟大与生存的卑微就是人生的表层与内里，只有现实是一道深亘的鸿沟，检测着每一个人、每一颗心。

肆 传奇之光

01 享受市井之声

1942年，张爱玲回到了上海。港大尚未毕业，可因为战争，她却不得不休学了。爱玲是喜欢上海的，她说："这里有一种奇异的智慧。谁都说上海人坏，可是坏得有分寸。上海人会奉承，会趋炎附势，会浑水里摸鱼。然而，因为他们有处世艺术，他们演得不过火。"（张爱玲《到底是上海人》）

刚回到上海的时候，张爱玲猛一见到街上肥白的人，还有些不适应。在香港看惯了广东人、印度人或者马来人的黑黑瘦瘦，上海人的白与胖，简直像代乳广告画上下来的人，十足的市井气息，温暖而熨帖。还有一路叫着"克林，克莱"从楼下跑过去的电车，铃声作响，像平行的匀净的河流，在暗夜里流淌到入睡人的枕边。这是爱玲喜欢的市井声，听着听着，便慢慢入睡了。

上海是她的故乡，她深知，生活在这里最传统的中国人却受着别的地方没有的高压训练，新旧文化交流使他们有了自己独特的"通"与智慧。就像她的小说里，没有绝对的好人，也没有完全的坏人，一切都是现实中本来就有的。她用上海人的眼光去看香港，写了一系列香港的传奇。

《沉香屑·第一炉香》《沉香屑·第二炉香》《茉莉香片》《心经》《玻璃瓦》《封锁》《倾城之恋》这七部以香港为背景的故事，凑成了一个才女眼中的香港传奇，也开启了作者自己的传奇。

回到上海，母亲仍然漂泊在外，姑姑家成了唯一可以收留她的居所。赫德路192号，还是那栋公寓，只是汽车已经卖掉了，白俄司机与法国大厨也走了，行动与餐食都要自己动手。爱玲知道，姑姑这些年也不易，虽然她给自己的信上从来都是云淡风轻，但生活的变故也是一桩接一桩地上演。

爱玲离开上海的时候，张茂渊在英商怡和洋行做事，清闲富足，衣食无忧。也许是太悠闲，她听人劝说开始投资起了股票，不料后来时局动荡，股价大跌，一下子破了产。洋行待不下去了，又转到电台播新闻，及至后来，又去大光明戏院做翻译。

从外有司机，家有大厨的富小姐到衣食住行皆要自己动手解决的无产阶级，张茂渊并不以为苦。她似乎总有一种清平的机智见识，自嘲是个文武双全的人：文能够写信，武能够纳鞋底。爱玲与姑姑一起住，生活简单些，但乐趣总是不缺的。

爱玲很快适应了与姑姑一起的公寓生活，她把这里当成家，眼光放向四周，开始观察身边的人和事。

由公寓说起，楼下那个开电梯的人就蛮有意思。他可不是惯常的那种工人做派，很绅士，再热的天，他都要在你按铃之后换上熨平的纺绸褂再去开电梯。他对于公寓里每家每户都是那么了解，可他又很有涵养，从不仗着自己了解就在背后说短道长，反而会教爱玲他们如何煮红米饭，煮得又透，又不至于稀烂塌架，还保持着米的筋道。

爱玲托他买豆浆，交给他一个瓶子，过些日子他来报告说："瓶子没有了。"也不解释是如何没有的，是烂了还是丢了。过了些日子，他自己拿来一个牛奶瓶，比之前的小一号，装了豆浆给爱玲，爱玲诧异："瓶子又有了？"

"嗯，有了。"他依旧不解释。这个脾气，有趣，爱玲很是欣赏。爱玲和姑姑订的报纸，他每日也要读完才会送来，尤其是小报，因为读得仔细，送上去时往往已近中午。当然，外文报纸他是没有兴趣的，一大早就给她们插在门上了。

让爱玲想不到的是，此人还有极重的等级观念，不许自己的儿子去做电车售票员，理由就是那个职业不体面。就像对于那些衣衫不整的人，他一定会拒绝为他们服务。这真是个极有思想的人，只可惜他的思想被禁锢在两个小房间里，一个是他在楼下的住所，一个便是这不断上上下下的电梯。

爱玲只有在被米里的虫子吓得把碗都扔了的时候，才会忽然想起以前被用人奶妈伺候的光景，感觉出公寓生活的不便来，但也仅此而已了。这么高的楼上，别的蚊虫是很难上来的，单只飞到窗口一望，便有晕过去的可能——爱玲每每自己想着拿来逗趣。

而近观身边许多杂事，更是有无数说不出的乐趣。就说菜市场里，那鲜嫩的豌豆、油绿的辣椒、金黄的面筋透着多样的生趣。及至菜下到锅里，沾在篾筐上的湿菜叶，又让她联想到了篱笆上的扁豆花。即使不去想那么多，单那个篾筐就够有一种古朴诗意的美了——这些始终是张爱玲独有的欣赏与理解，诸多的生活细节与她精巧的心思相撞，便都生出一种迷人来。

与刚逃出战乱的香港相比，这个公寓实在是个清净避世的好地方。住在公寓的顶层，换衣服都不用关窗户——对面只是蓝莹莹的天，谁也望不到这边来。这份肆意的自由，是那些一提到避世便联想到乡野村庄的人着实体会不到的。

有利就有弊，住在顶楼尽管自由，但是屋顶花园常有些孩子嬉闹追逐，脚步声不停。这还算好的，要是有人溜冰就惨了，那冰鞋擦着水泥地，磨牙一般的声音，令人耳朵发痒。隔壁是个英国绅士，攥着拳头怒声要上去找他们算账，尽管语言不通，但他以为这拳头一挥对方自然便可懂得。然而英国绅士很快就下来了——那些孩子年龄实在都不小了，而且都是些美丽的女孩子。

公寓有自由，但毕竟是群居之地，关上门是桃源，打开门便是世俗。夏日里，家家敞门开户，秘密就没有一点躲藏之地了。这边人家打电话，那边人听得仔细，还能翻译给身边人听；弹钢琴的那位太太似乎跟贝多芬有仇，一下一下，仿佛是用拳头砸向琴键；还有哪家炖了肉，哪家泡了茶……私生活里烟火气息生动，惹得好奇之人不由得要探看一下。偷看者得到片刻愉悦，而被看到者也没什么损失，那就犯不着计较了。

“较量些什么呢？——长的是磨难，短的是人生。”（张爱玲《公寓生活记趣》）

02 开始卖文之路

张爱玲回到上海后，弟弟张子静来看她。几年不见，姐姐长发披肩，身着时髦服装，俨然一个大姑娘了。但她性情始终未改变太多，听弟弟提到父亲与继母的事情，只淡淡听着，从不接话。

当子静提到自己准备考取圣约翰大学时，张爱玲皱眉怅然了。若不是战乱，以她的成绩，港大毕业后是可以免费就读伦敦大学的，现在别说继续深造了，连港大的毕业证书都没有拿到手。圣约翰大学在上海声名不错，她知道炎樱就是准备报考这所大学的。

张子静看出姐姐的难过，便提议让她也考圣约翰大学，但张爱玲提出了学费的难题。姑姑这边工作也是几番波折，自己过还算宽裕，要是负担爱玲的学费及生活就捉襟见肘了。

张子静自告奋勇回去跟父亲商议，不想父亲竟然答应叫爱玲回去，这无疑是有商谈的余地，而且兆头很好。

张爱玲隔日便去了，继母孙用蕃提前躲到了楼上，避免见面尴尬。张爱玲站在客厅里，神色淡漠，简略地讲了一遍想去圣约翰大学继续读书的事情。父亲沉吟了一会儿，让她先去考试，学费他随后会让弟弟子静送去。

这就答应了？张爱玲显然没有想到，但她也没有表示特别喜悦，依旧面无表情地告辞离去。

这是最后一次，张爱玲踏入那个曾经熟悉的家门，最后一次，与父亲相见。

炎樱考进了圣约翰大学读书，张爱玲的考试却因为国文不及格，需要上一个补习班。这实在叫人想不通：一个写文章的天才，竟然国文不及格？莫非与她前几年在香港坚持用英文读书写字有关？或者这考官也太不可思议了。

中学时那个最受张爱玲敬佩和赏识的汪宏声先生，曾在爱玲成名后撰文回忆他的得意门生。提到爱玲这次考试不及格，汪先生大为不平："如张爱玲的国文入补习班，则请问有些大人先生应该编入何年级？"

汪先生不平，张爱玲却不在意，还当笑话一般地讲。她进了补习班，最后也顺利地进入了圣约翰大学读书。在这里，张子静可以经常见到姐姐，也见到了与姐姐形影不离的炎樱，那个说话幽默、身材丰腴的锡兰女孩子。不过只读了两个月，张爱玲便辍学了。

辍学是爱玲自己提出来的。据她跟弟弟子静讲，圣约翰的好教授太少，她喜欢的科目又没开课，而开的科目多是她不感兴趣的。如此一来，还不如借些书回家自己学呢——不知道是不是张爱玲在潜意识里，不想欠父亲太多。她内心亲情的隔膜已经彻底形成，她只信任自己。

因为母亲行踪不定，无法联系，张爱玲住在上海的开销就只能依赖姑姑。她便与弟弟说，她要赚钱养活自己。张子静建议她教英文，因为她英文很好，读写都流利。可张爱玲否决了，英文好，还要能讲出来才行，她天生不善言谈，自然不行。张子静又建议她去报馆做编辑，但是张爱玲也摇了摇头。她告诉弟弟，自己已经开始给报馆杂志写稿了，她决定将自己的天才具体化，试试能不能卖文来养活自己。

因着英语的优势，爱玲最开始投稿是给《泰晤士报》，内容主要一是些精短的影评剧评。她的外语流畅自然，内容又颇有见地，很快便引起了关注。

最先对爱玲的文章投来青睐目光的是《二十世纪》，这是一份综合性的报刊，集时事新闻、旅游风光、小品和影评于一刊，订阅的读者都是在亚洲的西方人。《二十世纪》的主编克劳斯·梅特涅是柏林大学的博士，曾驻莫斯科做过记者，对中国也很了解。他选登的第一篇张爱玲的作品，便是《中国人的生活与服装》，即后来收编进散文集的《更衣记》，并亲自题写编者按：如此有前途的青年天才。

这篇近万字的散文，讲述了中国人服装与文化的衔接，既新鲜又有趣味。更让梅特涅吃惊的是，作者还附带了自画的十二幅服饰与发型插图，图文并茂地向那些对中国颇有兴趣的外国人介绍了中国人的服饰演变，以及它背后的通俗与神秘。

从这篇文章开始，张爱玲便一发不可收拾，在《二十世纪》上接连又发表了九篇文章，其中六篇是影评。每一篇文章的刊登，无不引发诸多追捧和赞誉。为什么外国人那么喜欢张爱玲写的这些文章呢，主编梅特涅是这么理解的：

“（张爱玲）与她不少中国同胞差异之处，在于她从不将中国的事物视为理所当然；正由于她对自己的民族有深邃的好奇，使她有能力向外国人诠释中国人。”

是的，张爱玲好像时时刻刻都在隔着一层什么看世事。尽管她自称不过是个小市民，而且还是个有点拜金主义的小市民，但这都不影响她还有半颗心在天上，始终用好奇的眼光与新鲜的体感接触生活，并把它记录下来。

比如《洋人看京戏以及其他》，比如影评《借银灯》《银宫就学记》《婆婆和媳妇》等，无一不透着张式的见解与智慧。且这些影评可算得上中国电影史上的一笔财富，供研究电影史的后人借鉴。

张爱玲就这样逐步登上了上海滩文坛的阶梯，但她并不满足这样的成绩，也不愿意继续一步步拾级而上，而是主动寻找更大的机会。因为她始终认为，出名要趁早；要是晚了，就没那么痛快了。

1943年对张爱玲来说是个重要的年份。首先，她认识了黄岳渊老人。此人是她母亲的远房亲戚，一生醉心园艺，在自己家园中种了不少奇花异草。黄岳渊常以花会友，结交了许多同好之人，这其中，便有作家周瘦鹃。

提到这个名字，当时的上海滩可谓无人不知。他是著名的鸳鸯蝴蝶派作家，中学起就开始了文学创作，笔下多是些才子佳人缠绵忧伤的爱情，也写过不少爱国小说，是个胸怀家国大志之人。彼时他正为筹备以前主编过的《紫罗兰》杂志的复刊，到处寻找作者。黄岳渊老人因看过张爱玲的几篇小说，颇为赞赏，于是向爱玲提到了周瘦鹃，同时表示愿意向其举荐张爱玲。

得知这个消息，张爱玲又惊又喜。周瘦鹃可是她心目中的大作家，早在她少年时期，便在父亲的书房里看过周先生所作的《恨不相逢未嫁时》等小说，哀怨动人的故事至今还在脑海里留存。如今得以与其接近，是何等幸运，她即刻决定要去拜访周瘦鹃老先生。这个时候，她已经全然没了那种不惯见人的羞涩与不安，只大胆猜想着，也许这次拜访，会真正给自己找到一个大放异彩的舞台吧。

一个春寒料峭的上午，张爱玲揣着黄岳渊老人给周瘦鹃的信，还有自己的一沓文稿，敲开了周瘦鹃在上海租界内的家门。

周瘦鹃听闻来报张爱玲拜访，便走了出来。他先前也曾听黄岳渊提过这个女孩子，但此时一见，还是些微震了一震：这个女孩子，高且瘦，鹅黄色的半臂旗袍在早春里尚有些过早了，可她却分明脸色红润，含着谦虚安静的笑。

张爱玲给周瘦鹃的第一印象很不错，待到打开她的文稿，周瘦鹃又是一惊。光看名字——《沉香屑·第一炉香》《沉香屑·第二炉香》，便觉得新鲜有趣。接着读道："请您寻出家传的霉绿斑斓的铜香炉，点上一炉沉香屑，听我说一支战前香港的故事。您这一炉沉香屑点完了，我的故事也就说完了。"

周瘦鹃不由得又打量了一眼身边这个年轻的女孩子，在心里慨叹："这开篇真是精巧抓人啊，这么一个年轻单纯的女孩子写到如此，着实不易。"

继续读下去，越读越不忍释手。这文章里，有西方小说的爽利，也有古典文学《红楼梦》的板眼，文字娴熟老到，处处闪动着心机妙言，这简直太让周瘦鹃惊喜了——有此作者，《紫罗兰》复刊不难，重兴有望了！

周瘦鹃很快便给了张爱玲答复，这个答复便是向爱玲征求意见：“您愿意把这两篇小说刊登在《紫罗兰》杂志上吗？”

受宠若惊的张爱玲忙不迭地点头，周瘦鹃的肯定，便是一杆秤啊，张爱玲本不甚吃准的心里，定了星。

欣喜告别时，张爱玲邀请周瘦鹃与夫人胡凤君女士，在《紫罗兰》创刊号出来之后，到自家参加一个小小的茶会。

出刊当日，因胡凤君女士有事，周瘦鹃便自己去了爱玲家。

在那间顶楼的公寓里，姑姑摆出了雅致的小桌，放几样细巧的西点、一壶红茶，落落大方地和爱玲一起与周瘦鹃对谈。姑姑看到侄女的作品登上曾经红极一时的杂志，也颇为高兴，对周瘦鹃提到自己以前与爱玲的母亲一起看周瘦鹃主编的《星期六》杂志的事情。

“说起来，周先生主编的《星期六》《紫兰花片》还有《半月》，我们都是忠实读者。周先生的小说我们也爱看，爱玲的母亲还曾写过一封信给报社，叫周先生不要再写了，因为故事实在太惨了……”姑姑的话逗得几个人都笑了。

相谈甚欢，张爱玲又送了周瘦鹃一份自己登在《二十世纪》上的那篇文章《中国人的生活与服装》。周老先生本是能写能编能译的大作家，简单一读，便读出爱玲的英文写作水平不差，暗自佩服。

三人聊了一个下午，姑姑与爱玲才把周瘦鹃送出门。爱玲与姑姑开心的是作品被承认，也有钱赚了；周瘦鹃则为彼时被凶杀怪异之类文章充斥的上海报刊界，忽然出现如此一股新鲜醇厚的文学风尚而欢欣鼓舞。

果然不出周瘦鹃所料，张爱玲的两篇《沉香屑》在《紫罗兰》上一刊出，立刻引起了万众瞩目。当时的上海，文坛正值动乱时期，一边是慷慨激昂的抗日文学，一边是凄凄惨惨的爱情或者是吓人的志怪故事，缺乏真正有内容、有质感的文字。当张爱玲那些哀伤里透着明艳、爽脆中透着曲折的故事一旦展示在世人面前，便像是把人生舞台给亮了出来。舞台上上演的人生百态，笑和泪都那么真实，让读到的人目不暇接，心神陶醉。

《沉香屑·第一炉香》，讲的是一个叫葛薇龙的女孩子的故事。她本是上海一个中产阶级人家的女孩，因为战争和家人一起来到了香港，进入南英中学读书。奈何香港消费太高，家里不得已又要搬回上海，可是葛薇龙不愿意回去，私自找到了与葛家断绝关系多年的姑母，请求姑母收留自己在香港继续读书。葛家的这个姑奶奶早年做了一个富豪的四姨太，富豪死后，她变成了阔气的梁太太。梁太太老了，可是她内心的欲望却还在蓬勃生发。她之所以慷慨地包揽下薇龙在港的学习和生活花销，那是因为她想让薇龙做诱饵，给自己勾引那些年轻漂亮的男子来。

葛薇龙留了下来，渐渐地成了姑姑梁太太最得心应手的帮凶。她也有自己喜欢的人，但碍于梁太太却不能染指；她想离开梁太太，可是她已经习惯了这种奢华慵懒的生活。后来，梁太太为了控制她，把葛薇龙嫁给了她喜欢的乔琪乔。葛薇龙以为遂了愿，但没想到这个出身于一个交错混乱的大家庭的乔琪乔也是个冷漠的纨绔子弟，他接手薇龙，是要靠薇龙给自己弄钱花……

整篇文章洋洋洒洒，一气呵成。港岛如一个新世界般向读者徐徐打开，那如工笔彩画般的房舍楼台，那浓蓝的海里白色大船的奇幻景象，那糖醋排骨之流的俏皮人物……无不叫人讶异、称叹！文中每个人物都有鲜明的自我特色，坏也坏得促狭，叫人恨中还生出一种怜爱来。

文章最后，葛薇龙与乔琪乔一起逛新春市场，葛薇龙几乎疑心乔琪乔是真心待自己了。可当她看到几个水兵携挟着几个卖身的少女调笑走过，把她也当成妓女的时候，她忽然意识到：其实自己和那些少女几乎是一样的，如果真要找出什么不同来，那无非是别人是被迫的，而她，是自愿的而已。

华丽风韵的故事，末了，一个苍凉的注脚，任谁看到这里，都会呆上一呆、叹上一叹！继而去猜想这故事的作者，是心思何等细腻的一个人，写出这种百转千回的故事，又是何等清明决断，有这么一个让人叹息的结局。

此时的张爱玲，真的如同一轮光华四射的明月，在上海这座国际大都市的上空，徐徐放出自己的明艳来。

这一年，张爱玲才不过二十二岁。

03 作品接连出世

张爱玲也有些得意，自恃天才，终有所成。精神上得到的是认可与瞩目，生活上也有了可以养活自己的稿费。落榜圣约翰大学的阴影也慢慢淡了，她与炎樱的联系也更频繁了。

爱玲从来不避讳自己是个小市民，而且在听到拜金主义这四个字的时候，立刻就觉得形容自己再恰当不过了。尽管她爱钱的习惯受到母亲的鄙薄，但她就是改不了这个习惯，且从中获得了无数乐趣。

与炎樱一起吃东西，各付各的账；一同坐三轮车回去，先讲好了一人付一半。先送炎樱回家，爱玲向炎樱借了两百块，到家付了一百七十块车费，又在心里算好下次该还炎樱一百一十五元才罢。如此，她们总是还来还去，很少有清账的时候。

大约是小时候在起士林吃奶油蛋糕的记忆太过甜美，炎樱每次问爱玲吃什么，她即使想好一阵，还是照例回答："软的，容易消化的，奶油的……"于是跑到咖啡馆，要了蛋糕和热巧克力，再格外多要两份奶油，那份腻腻的甜，就像两个女孩子彼此的相知与友谊。

吃完东西，两人交流各自的见识与见解，她们聊很多话题，像座谈会似的。

圣诞节的舞会，炎樱告诉爱玲，参加舞会的人玩一种游戏，叫向智慧的鞠躬、向美丽的下跪、向最爱的献吻。

“许多人向你下跪吗？”爱玲微笑着问。

炎樱也笑，她说自己当时穿着一件黑色衣服，用小孩旧式围嘴改了个领圈，那个金线托出一圈粉红色蟠桃的围嘴给了她无上的风光。她解释着，抑制不住的得意，她认为自己是美丽的，这没有什么错呀！

张爱玲的话题是一夫多妻，没等她说出自己的观点，炎樱说自己心里能接受，但行为上不能。爱玲接口：“我也是……”

此刻的她们都不会想到，类似这种情感上的尴尬，爱玲竟然真的在不久后就遇上了。

但此时，谈论爱情与谈论死亡一样，都是闲暇时无聊的议题。反正离得还远，说说，不过像是在享受一种强说愁的惆怅罢了。

爱玲还有许多未展的宏图，与炎樱出来逛街，只是闲暇时的消遣，做正事的计划，是一分不敢耽误的。

还是这一年，7月，一身淡雅碎花旗袍的张爱玲来到了上海福州路。走过昼锦里，拐进一条小巷子，这才找到那所双开间的石库门房子，她疑惑地打量着这个叫中央书店的地方，据说楼上就是大名鼎鼎的《万象》编辑部。

中央书店和《万象》的老板都是平襟亚，此人曾以网蛛生为笔名写过一本叫《人心大变》的书，是一部社会谴责小说，在当时有一定的知名度。平襟亚于1927年创办了中央书店，以印古籍和通俗小说为业，用低价折扣促销起家。后创办的《万象》杂志，是一本真正的杂刊，包罗万象——涉及民俗、历史、翻译、小说等五花八门的内容。虽然文艺作品刊登不多，但是因为它所包含的内容的杂与广，还是有一定销量和影响力的。

此番张爱玲寻上门来，就是为自己的小说在《紫罗兰》外再辟一块天地。

令张爱玲没有想到的是，《万象》编辑部的厢房里，忙碌的主编柯灵听到张爱玲的自我介绍后，惊得差点把笔掼到了地上。他掩饰不住脸上的喜悦，将爱玲请了进来。

这真是踏破铁鞋无觅处，得来全不费工夫。柯灵前些日子偶然翻到《紫罗兰》，读了张爱玲的《沉香屑·第一炉香》后，拍案叫绝。作者看名字是个新人，可这种奇香宜人的文章实在是罕见，而且没有任何政治色彩，岂不是正好适合《万象》刊发？！只是茫茫上海滩，到哪里找这个叫张爱玲的人呢？诚然，他可以找周瘦鹃去要张爱玲的联系方式，但又觉得这种做法未免不妥，实有挖墙脚之嫌啊！

事情就是这么巧，就在柯灵心心念念张爱玲之际，张爱玲却找上门来了。

两人都属于不善与人周旋之人，但以文会友，自然一见如故。在编辑部里，张爱玲拿出了《心经》的手稿与插图，恳请柯灵指点。这番谦虚让柯灵刮目相看，他异常郑重地接过了张爱玲的稿子，也就此开始了与爱玲数十年的交往。

随着张爱玲的小说、散文等作品在上海各个知名报刊刊发，张爱玲的名字响彻上海滩！

可接下来，已经与张爱玲熟悉起来的柯灵却为她担忧起来。原来，以写电影评论和剧本闻名上海的柯灵，暗地里还是个进步作家，除了做《万象》的主编，还秘密从事着抗日的宣传工作。当他看到爱玲的小说登上《杂志》时，心中着实吃了一惊。要知道，《杂志》这本刊物的后台很复杂，隶属于日本领事馆为后台的《新中国报》系统。尽管它以纯文艺杂志自称，且旗下也有一批相当有才华的作者，但作为进步人士，柯灵感觉张爱玲惊世骇俗的作品是不该与这个刊物混为一谈的。

那时很多著名作家，比如巴金、茅盾等虽然返回了上海，但均停笔辍墨，拒绝为日伪写作，叶圣陶更是举家西迁重庆。郑振铎隐姓埋名，为挽救中国珍贵古籍流落海外。他在百忙之中也听闻了张爱玲的名声，很欣赏她的作品。赞赏之余，他托柯灵给爱玲捎信，要她暂时不要把稿子随便投给那些不干净的报刊，可暂交由开明书店保管，开明书店先付给她稿费，等世事清明之后刊印。

这话，柯灵在心里反复揣摩，不知道怎么跟张爱玲说。说起两人的交情，只深在编辑与作者的惺惺相惜；若说到干涉她文字刊发，柯灵自认还没有深到那一步。爱玲此时风头正劲，正想借机一飞冲天，自己此时阻挠，无异于螳臂当车，说不定还会在彼此心里留下疙瘩。

就在柯灵犹疑不定的时候，爱玲又写信给他，提出自己的一本小说集《传奇》，想交给中央书店刊印。柯灵不好直接说什么，而是立即回寄了一份中央书店所出的书目给她，意即让她知晓，这些作品根本不能与她的相提并论，趁机还附言一句："如果是我，宁愿婉谢垂青。以你的才华，不求不见之于世，希望你静待时机，不要急于求成。"

张爱玲看后，立刻回复，直言自己认为目前的大好时机不好错过，应该趁热打铁，方不负当今的虚名。柯灵叹息一声，他本来就知道爱玲是心意坚决之人，不会随便被他人的意见左右。尽管这么说，但是柯灵的话在张爱玲心里还是有一定分量的，她依言没有把自己的作品集给中央书店，而是给了《杂志》社。

张爱玲自然对政治、背景没有兴趣，她只知道这本刊物在上海的读者众多，且她的《倾城之恋》《茉莉香片》《金锁记》《红玫瑰与白玫瑰》等写得最为得意的几篇小说，都是在《杂志》上发出的。此番把小说集交给《杂志》付印出版，也是顺理成章。

那有着蓝绿色封面的小书《传奇》一经面世，立刻如一块晶莹的翡翠落入了明净的水盆里，溅起的浪花，折射出的光线，无不叫人心醉神迷。

四天，仅仅四天时间，《传奇》初版一售而空！

张爱玲的文字惊动了一座城，读者以她作品里大方漂亮的女性人物为偶像，穿衣打扮都向她们靠近。而张爱玲只是不动声色，她熟悉那些人物，却不与之交好。

这是1944年，自张爱玲第一篇小说《沉香屑·第一炉香》登上《紫罗兰》杂志之后的第二年。

从1943年到1944年，高质高产的张爱玲，以超凡绝伦的姿态，迅疾登上了上海文坛的制高点。

04 出名要趁早呀

《传奇》作为张爱玲的第一本小说集，共收录了她早期的十几篇作品：《沉香屑·第一炉香》《沉香屑·第二炉香》《金锁记》《心经》《红玫瑰与白玫瑰》《茉莉香片》《封锁》《桂花蒸·阿小悲秋》等。这本书之所以叫《传奇》，张爱玲并不是要表现传奇的大人物，而是要在普通人中寻找传奇。

拿《金锁记》这部自问世便收获无数赞誉、被称为张爱玲巅峰之作的作品来说，它讲的是一个叫曹七巧的女人的悲凉的一生：曹七巧本是个麻油店站柜台的女孩，因为贫穷，被家人送到姜家给残疾的二少爷做老婆。一个本来内心充满对爱的向往的少女，此后大半生被关在这黑沉沉的庭院里。钱与情，最亲近的偏偏都得不到，只能旁观别人的欢悦。活泼的天性受困于大家族的规矩，欲望一寸寸被压抑，曹七巧的要强被死死碾着，性格逐渐扭曲，开始以折磨身边人为乐。丈夫死了，她又控制自己的一双儿女，把儿子、媳妇的生活搅得一团糟。儿子长白是她的傀儡，媳妇芝寿是她暴虐的牺牲品。女儿长安直到三十岁才遇见爱情，可又生生断送在她手里，并且在她的压迫下，女儿渐渐失去了青年人的颜色，一直未婚，渐渐地成了第二个她——一生的幸福彻底结束。

曹七巧也有爱情，可是她爱的是注定得不到的人。那个姜家的三少爷，只知道在外面花天酒地的倜傥青年，却有着兔子不吃窝边草的原则，想方设法要弄她的钱，给她的只有虚情假意。曹七巧因为暴怒而更加残酷，“三十年来她戴着黄金的枷锁，她用那沉重的枷角劈杀了几个人，没死的也送了半条命”。

曹七巧就是这样一个受欲望驱使，挣扎与反抗中夹磨的产物，可悲可恨又可怜。在她身上，折射的是那个时代无数女人的影子。

张爱玲的作品里，都是些小人物琐碎的故事，即使有宏大的背景，也不过反衬出人物的渺小与故事的苍凉之感。

读者喜欢张爱玲作品的华丽与俏皮，令人惊艳的旧式讲究里又透着新派的冷静与凛然；可评论家却认为她的作品没有鲜明的主题，弥漫着颓废与不健康的气息。

在张爱玲的小说在上海掀起一个又一个浪潮之际，褒贬的声音同样巨大。但无论是推崇还是批评，都无法阻挡张爱玲红得发紫的事实。1943年到1944年这两年，整个上海文坛都被这颗文学新星照亮了。好事的读者还挖掘出了张爱玲的更多资料，她与李鸿章的关系，贵族大家庭的出身背景，这更给她的作品增加了一层神秘的色彩。张爱玲，由一部《传奇》成了传奇！

对于出名，张爱玲的态度是斩钉截铁的："出名要趁早呀！来得太晚的话，快乐也不那么痛快！"（张爱玲《〈传奇〉再版序》）

这就是张爱玲，在1944年的上海，她如同自己喜欢的野火花——影树，热烈地绽放，却只留给世人一个色彩鲜明、脉络迷蒙的影子，看得见，抓不住，正如天上那轮皎洁的明月。

张爱玲忙起来了。《万象》的主编柯灵给了她鼓舞和箴言，即使她出名了，也不能忘了他，还要继续给《万象》供稿。所以，她陆续又给了柯灵《琉璃瓦》《连环套》。

万万料不到，就是这本《连环套》，勾起了张爱玲连环不断的烦恼。

《连环套》的故事本来是有出处的，那是爱玲刚进港大不久，与炎樱已经结为好友，两人经常约伴到山下城里看电影。一日，炎樱告诉爱玲，说她父亲的一位朋友要请自己看电影，她有心叫爱玲一起去。爱玲推托不掉，便一起去了。对方是个帕西人，看炎樱带爱玲来，很窘地把电影票和两块面包塞给炎樱就急急走了，原来他带的钱只够买两张电影票的。

"这个帕西人，原来生意也是做得极大的……"炎樱解释说，于是两人便说起了这个人。他身上原是有些故事的：有一个贵太太，本是个广东人的养女，后来跟了个印度人，第三次同居的叫麦唐纳，所以她自称麦唐纳太太。那时候他们都住在香港，麦唐纳太太跟这个帕西人认识，便做媒把自己大女儿宓妮许给了帕西人。宓妮当时还在中学念书，抵死不从，然麦唐纳太太把女儿打得死去活来，硬逼着嫁了过去。十五岁嫁过去，二十二岁就离了婚。离婚后，这帕西人的生意就越来越不像样了，最后闹成了现在这般，身上只有两张电影票钱的消颓。

爱玲后来又见了宓妮，她还很年轻，可儿子已经十九岁了。她再婚时嫁了儿子的朋友，三个人在一起很快乐。爱玲对宓妮的印象很好，因为总觉得她长得像母亲黄逸梵。约莫深邃的眼睛与挺直的鼻梁，在爱玲对母亲不同的记忆里都混成了一体吧。炎樱后来见过黄逸梵，只说宓妮与黄逸梵属于同一个类型罢了，言下之意是，哪有爱玲惊讶得那么像呢。

及至爱玲与炎樱回到上海后，又见了麦唐纳太太。此人身高马大，腰身粗壮，长方脸上薄施脂粉，是个爽利的英国女人。虽然六十多了，托人办事时有说有笑，眼睛一眯，依旧颇有点风情。

这几个人的事情在张爱玲脑中缠了很久，她一直想把她们写成故事，因而便有了眼下的《连环套》。

不过《连环套》的故事可没有直接沿用现实中的人物关系，她将人物的成长、环境与世情打破重组，杂糅在一起——一个叫霓喜的偏僻村落的女孩子，十四岁就被养母卖给了绸缎商人雅赫雅，后辗转经历几个男人，变成了赛姆生太太。赛姆生太太是她的第三个丈夫给她取的名字，然而在法律上这些丈夫的存在得不到支持，律师的观点是她此生并未真正出嫁过。就这么在男人堆里打转，虽没有抓到什么实质性的东西，但三十八岁那年，还有个印度老妇来做媒。霓喜喜不自禁，自己挣扎辗转一生，临了对男人竟然还是这么有吸引力。她假意推托，印度老妇知她意思，话锋一转，原来是为霓喜十四岁的大女儿提亲，并非为霓喜——她老了！

故事写到这里，戛然而止。但这不是结尾，因为刊登《连环套》期间，发生了数起波澜。

《连环套》刚刊出四期，报章上便出现了一篇署名迅雨的文章《论张爱玲的小说》，将这篇《连环套》狠批一番。作者毫不留情地指出，《连环套》的内容贫乏、恶俗，不过是将一连串西洋故事拼凑起来，作者熟极而流，只一味地写下去，却忘了把舵，继而失去了写文的方向感。他预言，这篇故事逃不了早夭的命运！

爱玲一时还不太清楚，这个叫迅雨的作者，便是著名的翻译家和文艺评论家傅雷先生，时年三十五岁，正是意气风发、行事决断的年纪。傅雷先生此作并不是为了要打压爱玲正强劲的风头，而是真正怀抱着疼惜人才的出发点。这篇文章很长，先是点评了《金锁记》和《倾城之恋》，之后才说到刚刚开始连载的《连环套》。《金锁记》令傅雷赞叹，他始终认为这篇文章直指人性弱点，哀伤中透着无尽的美感与活力，是近来文坛最美的收获；《倾城之恋》如一座精工雕刻的玲珑宝塔，但对人物勾勒不够，华彩胜过了骨干；可是《连环套》，简直叫他愤怒了。爱之深，恨之切，他不能忍受这么一个有才华的女作家误入歧途，沉于机巧，忘了本心，越走越退步。曾有个华侨跟他讲过一句话，说奇迹在中国不少，但都没有什么好下场——他希望爱玲不是！

彼时的爱玲懒理世事——她本就是身在俗世，又与俗世隔着些什么的人。她喜欢出名的快乐，但是她不会投身其中与之狂欢。人世，太近了，便会原形毕露；远了，才有距离的美感。可是对于这么尖刻的批评，她着实委屈。她的故事不是拼凑的，来有来路，去有去向。素日不愿意为自己的作品做辩解的爱玲，也忍不住在《苦竹》上发了一篇《自己的文章》，回击批评。

"我以为用参差的对照的手法是比较适宜的。我用这手法描写人类在一切时代中生活下来的记忆，而以此给予周围的现实一个启示。我存着这个心，可不知道做得好做不好。一般所说'时代的纪念碑'那样的作品，我是写不出来的，也不打算尝试，因为现在似乎还没有这样集中的客观题材。我甚至只是写些男女间的小事情，我的作品里没有战争，也没有革命。我以为人在恋爱的时候，是比在战争或革命的时候更素朴，也更放肆的……只是我不把虚伪与真实写成强烈的对照，却是用参差的对照的手法写出现代人的虚伪之中有真实、浮华之中有素朴，因此容易被人看作我是有所耽溺，流连忘返了。虽然如此，我还是保持我的作风，只是自己惭愧写得不到家，而我也不过是一个文学的习作者。"（张爱玲《自己的文章》）

张爱玲不卑不亢，有理有据，与傅雷先生各守一方、各执一词，然文学评论没有绝对的对错，读者自有定论。

与傅雷先生的文来笔往虽然激烈，到底只是文章上的计较，可是与平襟亚先生的摩擦，则引发了一场许久才平息的风波。

这仍然要说回《连环套》在《万象》上的连载。连载前，说好稿费是每期预付一千元。第一次平襟亚拿了两千元支票给爱玲，说明其中含有定金。但爱玲认为还是一期一千元结算为好，便要请平襟亚另开一千元的支票送来。及至《连环套》六期之后停载，稿费结算，平襟亚觉得张爱玲应该退回一千元定金，但爱玲认为自己开初就已经将两千元支票退回，现在并没有多欠一分钱。平襟亚则拿出了自己的账本，证明每笔稿费都有记录……

平襟亚将此事写成小文，登在《海报》上，讽刺张爱玲见钱眼开。他不仅将事情经过陈述一遍，还提到当初张爱玲找到自己谈小说集出版时，曾主动提出可以拿自己的家世做宣传，十足的“生意眼”。他想要佐证的不过是这笔钱自己的确交给了张爱玲，张爱玲看到后，自然不甘示弱，也发文解释。

一方是老板，一方是自己心爱的作者加朋友，柯灵在中间十分为难，也写了一篇文章为张爱玲洗刷“爱钱”的“罪名”，说她至多是一时疏忽罢了……加之此时汪宏声的一篇文章《记张爱玲》，提到爱玲在中学时有名的口头禅就是“我忘啦”，似乎坐实了平襟亚所言。

张爱玲如何忍得这种委屈，她再度反击。至此时，几方人物交缠，越搞越乱，真相不重要，反正已经演变成一场热闹了。到最后，平襟亚、张爱玲和汪宏声只好各自又在《语林》上发表声明，糊涂了结此事。

《连环套》到底还是夭折了。虽然经历了几多波折，但张爱玲创作的热情未改，她还要在上海继续发挥天资，享受万众瞩目的快乐。

05 上海滩女作家

小时候在镜子前看到母亲穿着各色衣裳的身姿，深深地印在了爱玲的脑海里，她对一切美的东西都有着独特的嗅觉与观感，服装自然也不例外。

从继母那施舍的衣箱重压之下翻身，爱玲又有了自己可以独立支配的金钱，扬眉吐气的感觉是如此酣畅。在爱玲看来，衣服就是随身携带的戏剧，她的身体属于自己，她终于可以愿意装扮成什么样就装扮成什么样，愿意演哪出剧目就演哪出剧目！

上海滩的人们都知道了张爱玲，不但知道她才情倾世，更知道她的奇装异服。她时而宽袍大袖，滚边镶云的古董服饰在身；时而西装娇俏宛如一个少妇。连去印刷厂，亦是穿得惹人瞩目，使得印刷工人纷纷偷眼看她，手里的活儿都不觉停了下来。

在《传奇》出版后不久，《杂志》便为张爱玲特意召开了一个集评茶会，地址就在上海的康乐酒家，与会的苏青、南容、哲非等，都是上海文艺界响当当的人物。在他们期待的目光中，张爱玲款款登场了。只见她穿一件黄色绸上衣，搭配青灰色长裙，鼻梁上架一副淡黄色玳瑁眼镜，鬓角的头发微曲翻转，清丽、俏皮，实在让人很难将她与那个《金锁记》《沉香屑》背后笔法老到泼辣的作者视为同一个人。她与身穿红色上衣、白色西短裤的炎樱在一起，是招摇的姊妹花。

这次茶会的参与者，纷纷拿出了最漂亮的词汇赞叹《传奇》这本小说的好与妙，张爱玲在旁，微笑静听。一口方言的苏青可能怕言语不通，把自己的评语写在了纸上，请主持人念读出来：

“我读张爱玲的作品，觉得自有一种魅力，非急切地吞读下去不可。读下去像听凄幽的音乐，即使是片段也会感动起来。她的比喻是聪明而巧妙的，有的虽不懂，但也觉得它是可爱的。它的鲜明色彩，又如一幅图画，对于颜色的渲染，就连最好的图画也赶不上，也许人间本无此颜色，而张女士真可以说是一个‘仙才’了。”

“仙才？！”这词听得爱玲心惊。张爱玲的眼睛在苏青身上定住了，她对苏青印象深刻，是在苏青的约稿信上，开头那一句：“叨在同性……”便叫她笑了，真是个洒脱爽利的人。

此时苏青朝爱玲一笑，那笑容是干练温暖的，仿佛所有的懂得，都在那笑容里了。也可能就是在那一刻，不喜与人结交的张爱玲，便把苏青视为挚友，在她的杂志上，不仅发文，还亲自设计封面，尽心尽力。

张爱玲还说过，如把她与同年代的冰心、白薇划为一类，她不会引以为荣，但如把她与苏青相提并论，她心甘情愿。

这个苏青，是何许人也？竟让张爱玲如此清高的女子这么看重？

如果往上追溯，苏青本也出身不低。她原名冯和仪，名字出自“鸾凤和鸣，有凤来仪”的典故，意蕴深厚，乃因为她取名的祖父冯丙然文化修养深厚，不仅连任小学、中学校长，还办过报，开过医院，直至做了杭州副参议长，在家乡浙江鄞县颇受尊重。苏青的父亲冯松雨在苏青出生后不久，便远赴美国哥伦比亚大学研究银行学，宋子文、胡适、陶行知、蒋梦麟都是与他同期在读的校友。

冯松雨回国后，进入上海一家大银行做事，把苏青母女也接到了上海。苏青的母亲是个小家碧玉，与冯松雨没有太多共同语言，即使知道他在外面有女人，也无可奈何。她不像爱玲的母亲黄逸梵那般勇敢独立，只能夜里暗自垂泪，白天继续孝敬公婆，照顾子女。

冯松雨决心好好培养女儿，琴棋书画加礼仪外语，以便让大学毕业后有机会嫁个身世家产都超过自家的好人家。只可惜心愿虽大，命却太薄，随着他做事的银行倒闭，他也很快病逝了。那一年，苏青十一岁，父亲要她嫁入豪门的厚望，就此永远落空了。

更令冯松雨想不到的是，作为一个父亲，他的所作所为给苏青留下了极其恶劣的印象。苏青提到他，竟说宁愿没有父亲的好。因此，失去了父亲的苏青，并没有像其他单亲家庭的孩子那样郁郁寡欢，反而整个中学时代都生活得很快乐、健康。后来她在文章中还提到：父亲的种种放荡作为，容易让女孩子对男人灰心。可见，冯松雨在苏青心里实在不是一个称职的父亲。

苏青与丈夫李钦后是自由恋爱，两人因九一八事变后同台演话剧而互相倾心。李钦后外语不错，相貌也英俊不俗，与青春奔放的苏青在一起倒也般配，很快便订了婚。后来苏青考上了国立中央大学后，读第一学期就结婚了，念到第三学期怀孕生下孩子，也就只能退学了。

做起了少奶奶的苏青并不快乐，丈夫身上不求上进的少爷气很重，没有能力养家，脾气倒是大得很，两人常有摩擦。婆家也因她生的不是儿子而处处给她难堪，郁闷无处消除的苏青只好待在家里看小报消遣时光。看得多了，自己也忍不住写了一篇《产女》，记录生孩子的种种感受，投给了《论语》杂志，编辑很快将其以《生男与育女》之名刊发了出来。

苏青看到自己的文章发表，很开心，但当时也就仅此而已。直到某次因要零用钱的事情再度与李钦后发生争执，李钦后的打骂叫苏青清醒了过来：她为什么要依靠这靠不住的男人？她可以自己赚钱，因为她会写文章啊！自此，苏青开始给《论语》杂志大量供稿，直至成了该杂志的主要撰稿人之一。她的文笔直白大胆，内容贴近生活，后来一口气出了多本散文集，都卖得不错。

结婚十年，留给苏青的是争吵与伤害，还有三个女儿，最终她还是离了婚。从少奶奶的身份中脱离后，苏青便彻底投入到文学创作中，而她的转机也就在此时——1943年4月，太平书局的《风雨谈》杂志创刊，主编向苏青约稿。苏青手里正在创作一部自传体小说，述说自己结婚生子这十年的风雨飘摇，她就把这个稿子给了《风雨谈》连载。

由于文章里有大量直白的、关于性方面的描写，在当时，这些内容男作家都鲜有涉及，何况一个女人，所以《结婚十年》一经面世便引起了轩然大波。有人喜，有人骂，自然销量也一路见涨，后再版达十几次之多。

苏青是个敢想敢干、有性格的女人，她毫不畏惧世人对她大胆、离经叛道的骂声，趁着《结婚十年》的劲头，于同年10月，苏青创办了天地出版社，编辑出版《天地月刊》。集作者、编辑与发行于一身的苏青踌躇满志，立志要大干一番。她不怕吃苦，能扛着数十斤重的书到街头去卖；也常有新鲜点子，搞些征文类的活动吸引读者。而她也知道，一本杂志能否得到读者的喜爱，最关键的是要有让读者喜欢、愿意买账的作者。恰在这时，张爱玲的作品落入苏青的眼帘。苏青被折服了，她毫无顾忌地四处宣扬："女作家的作品我从来不看，除了张爱玲的。"

张爱玲也喜爱上了苏青的奔放与质朴，她在《天地月刊》上的第一篇文章是《论语言不通》，接着，《天地》的第二期又刊登了张爱玲的《封锁》。自此后，《公寓生活记趣》《烬余录》《私语》等诸多作品均放在《天地》上，一发不可收拾。除了文章，张爱玲甚至还帮苏青设计插图设计封面，完全放下了之前那个清高冷漠的架子。她与苏青，一个凉薄，一个热闹，然而，脾性相投，惺惺相惜。

后来，张爱玲索性写了一篇《我看苏青》，推崇与赞美溢于言表。她说自己欣赏苏青伟大的单纯，最普通的话经过苏青的加工，都是如此动人。

如果说张爱玲是高天上的一轮冷而白的皓月，苏青则是俗世里一盆热腾腾的火。张爱玲是高高在上冷眼旁观，苏青是人世翻滚知冷知暖，这两人，加上炎樱，是个奇特的组合。

苏青要做件大衣，要爱玲和炎樱给参考意见，因为这两人对于时装都颇有眼光和心得。在时装店里，炎樱先给出了自己的看法，她觉得苏青适合线条简单的服装，于是便把那大衣上的翻领和装饰性的褶皱、大口袋及垫肩都给去掉了。又看了看，大衣上下唯一的装饰似乎只有前面那一排大纽扣了，她又示意这纽扣也不合适，该用暗扣更相宜。苏青终于忍不住了，她犹豫着商量说："纽扣，总是该有的吧，衣服上要是连扣子都没有，觉得、觉得怪怪的。"一直没来得及给意见的张爱玲在旁笑了起来。

三人一起，苏青最爽直，爽直得简直有些傻气；而炎樱照例是最狡黠的；爱玲聪明，但总是不言不语，用欢喜的眼光看着两人。

在这个时期，还有一个女作家不得不提。那就是与张爱玲、苏青及关露并称上海四大才女的潘柳黛，但她与爱玲的相交，则是另外一种啼笑皆非的形式。

潘柳黛出身于北京一个旗人家庭，原名思琼，别名柳黛，在河北女子师范学院读书，受过良好的教育。毕业后即到南京《京报》任记者、编辑，专写一些抨击黑暗的文章与评论。后转赴上海，先后在多家小报任职，以笔名南宫夫人发表小说等作品。她最有名的是后来的《退职夫人自传》，与苏青的《结婚十年》并称双璧。

潘柳黛有才华，人也很妩媚，性格爽朗，心直口快。张爱玲崛起之前，她本是上海文艺界有名的人物，可谓独享风光。可是张爱玲的出现，风头渐渐遮住了她，这自然引发了潘柳黛的不快。

对于张爱玲的学识与文笔，潘柳黛还是欣赏的，但是对于张爱玲身上的贵族血液，她颇有微词。其实是她自己弄错了，把张爱玲的祖母安插成李鸿章一个妹妹的女儿，由此把张爱玲与李鸿章的关系拉远了。她从这个出发点去笑话张爱玲的贵族背景，还说出了一段比较经典的话，说这种所谓的贵族好比太平洋淹死了一只母鸡，黄埔江边的人喝了江水，就以为喝到了鸡汤，其实八竿子打不着。又讽刺道，若这就够得上贵族，那么以后小餐馆里出现贵族豆腐、贵族排骨面之类的就不足为奇了。

潘柳黛辛辣惯了，对于自己谈论张爱玲的这些话，她自己并不觉得过分。但喜欢张爱玲的读者则觉得她过于刻薄犀利了，于是常有人打电话到她工作的报社骂她。有次潘柳黛接到一个电话，对方张口便问："请问你潘柳黛的潘是潘金莲那个潘吗？"潘柳黛不卑不亢地答道："我姓的潘的确是潘金莲那个潘，我也知道你姓王，那一定是王八蛋那个王了？！"对方悻悻地挂了电话。

张爱玲一定也看到了潘柳黛那篇点评自己的文章，文字中不断出现考据错误，且戏谑中带着酸味，自然不愿意理睬。后来张爱玲再度去香港，有人提到潘柳黛，她面无表情地反问："潘柳黛是谁？我不认识她！"

伍

低到尘埃

01 相交又相识

爱玲与炎樱，是青春年华里明媚与低雅互补的姊妹花，而她与苏青，便是互相推崇与欣赏的并蒂莲。张爱玲的第一段婚姻，便是苏青无意中牵的线。

不过这做红娘的事情，估计苏青自己也没有想到。

那是苏青正忙于《天地》创刊的1943年，她刚结识张爱玲，关系交好，便叫爱玲陪她去一趟时任伪南京政府行政院院长的周佛海家。爱玲问她做什么？苏青随口说，是为一个下狱的朋友胡兰成讲两句话。又说，这朋友也没做坏事的胆子，顶多是写错了字、说错了话，落的文字狱。

约是这些话让张爱玲认为对方也是个同行，遂生了同情之心，答应与苏青走一遭。于是两人相约着来到了周佛海家。苏青拉起周佛海的太太杨淑慧到一边嘀嘀咕咕地说事情，张爱玲便跟着周佛海欣赏他收集的古董。周佛海虽表面恭维张爱玲为大作家，其实内心是没那么看重的，不就是写文章的女人嘛，自己的太太也写啊，没什么了不起。而张爱玲虽然看到周佛海满屋的古董字画，却觉得死气沉沉的没有生气，也不大有兴趣。所以两人只是表面敷衍着，客气地聊了几句，便结束了这场会面。回去后，张爱玲就把这个事情丢到脑后去了。

由此却可看到苏青交游广阔。她的杂志《天地》一上市，她便寄给了各处朋友欣赏，亦有推广之意。而刊登着张爱玲文章的《天地》自然也寄到了与苏青交情不薄的胡兰成手里。

那时的胡兰成还住在南京。虽然正处在山雨欲来风满楼的前期，但还算是自由，只是彻底闲了下来，每日在石婆婆巷的一座小院里翻书读报，打发时间。

那天，胡兰成从一沓杂志中抽出了《天地》。他知道这是同乡苏青所创办的刊物，懒洋洋地翻弄着，直到一篇题为《封锁》的小说落进眼里。

起初，胡兰成只是咀嚼着那别有味道的文字，慢慢地，他坐直了身体。读完全篇，胡兰成拍案叫绝，这才细细地去看作者名字——张爱玲。

张爱玲？印象中没有这个名字，可能是个初出茅庐的作者吧？但她这文章，却写得着实叫人心花怒放。

胡兰成忍不住写信给苏青，问这个张爱玲是何人？苏青回信倒也机巧：“是个女子！”且不说当时苏青回的这句话是幽默还是另有他意，但胡兰成却有了心思。

胡兰成，出生在浙江一个偏僻的小山村。自幼家贫，父亲是个豆腐坊的伙计。在他流淌着先人血液的身上，没有半分显贵的根基。但此人才华横溢，且有一颗登高望远的心。家里兄弟众多，他是最小的那个，母亲不识字，与父亲终日操劳的无非是这嗷嗷待哺的六张嘴，根本无暇顾及每个人具体的需要。

在这样一个嘈杂贫瘠的环境里长大的胡兰成，养成了敏感自私的性格，也暗暗许下了跳出悲苦环境的桎梏、一飞冲天的志愿。

所以，在以后的日子里，胡兰成勤恳地读书习文，希冀能够求得一方可以展示才华的舞台。中学毕业后，他考取了杭州邮务局的邮务生，这个职位现在看起来只有芥末点大，在当时可是个铁饭碗。只是这工作干了一个月，便因指责局长“崇洋媚外”而被开除。此时的胡兰成，尚有一腔热血。

后来，胡兰成去了北平，在燕京大学做了一名誊抄员。在燕大，见识了不少名流，但眼高于顶的他认为这里也不过如此，没有他想要的一切，便又离开燕大回了浙江，在杭州萧山的一所专科学校做了一名老师，那时胡兰成已经结婚。1932年，他的发妻谭玉凤生病离世，家里却因为贫穷无钱给她下葬，胡兰成四处求告，勉强借得几十元钱，外加一顿热嘲冷讽。在如此悲愤与凄凉之下，他曾经有过的正义之心慢慢化灰了。

“我对于怎样的天崩地裂的灾难，与人世的割恩难爱，要我流一滴眼泪，总也不能了。我幼年时的啼哭，都已还给了母亲，成年的号泣，都已还给玉凤了，此心已回到了如天地之不仁！”（胡兰成《今生今世》）

胡兰成决心不顾一切地给自己找一个安稳的所在，他要将自己的经世之才发挥出来。在动荡不安的时局下，个人的命运不在自己手里掌握着，但每个褶皱却由自己的行为而起。因发表在报刊上的亲日理论，尤其是那篇著名的《战难，和亦不易》引起了汪精卫的注意，胡兰成成了汪精卫言论鼓吹的主笔。虽然名气上涨，无奈薪金依旧简薄，囊中羞涩。还是汪夫人陈璧君对他比较赏识，把他的薪金翻了几倍，并赏赐他一小笔钱——如此一来，胡兰成便彻底成了汪精卫的“文胆”，专司为其摇旗呐喊。

只是汪精卫政府很快便有了垮台之势，刚找到稳妥之处的胡兰成自然不愿意再踏泥泞，便趁势又找了个比汪精卫更大的后台——日本人。为抱牢新主子，难免又在日本人面前说了不少汪伪的坏话，这些话传到汪精卫那里，于是胡兰成便被逮了起来。

由此才有苏青仗义说情这一段，把张爱玲也牵了进去。只是那时候两人并无交谊，张爱玲除了知道胡兰成是写文章的，连胡兰成看过自己的小说并大加赞赏，还都一无所知呢。

胡兰成只是被关了几十天，便由日本的一个朋友给搭救了出来，回到上海家眷处休养。胡兰成从苏青那里索要张爱玲的地址时，苏青告诉他，这个张爱玲可是不见人的。虽如此说，但苏青还是经不住胡兰成的磨缠，把张爱玲公寓的地址写在纸条上给了他。胡兰成一看，这与自己家眷所在之地美丽园并不远嘛。

第二天，胡兰成便兴冲冲地去了赫德路张爱玲与姑姑所住的那幢公寓楼。正如苏青说的那样，张爱玲隔着门，以身体不适为由婉拒了他。

不管是风月场中还是文艺界里，胡兰成见多了各色女子。张爱玲的作品已让他吃惊不已，以至于当时提起张爱玲，什么都是好的，于是把她的文章找来一篇又一篇地读，果然都好。在胡兰成心里，自以为与其已经很是熟稔了，不料这个张爱玲却给他展示了一种清冷高寡的做派，这让胡兰成心头轻荡起一阵异样的波澜。

站在六楼走廊好一会儿，605号的大门依旧关得严丝合缝。胡兰成尽管失望，但却还不死心，他掏出纸和笔写了一张小字条，再度敲门，将字条从信口送进去，这才怅然下了楼。

门里的张爱玲接过字条展读，寥寥数言，写的不过是仰慕作品寻而不遇，末了还附上自己在大西路美丽园的地址。但让张爱玲微微吃惊的是那个签名——胡兰成。此人，不是前些日子自己跟苏青去周佛海家里替他求情的那个人吗？恍惚自己也看过他的文章，文采斐然，但透着自负。与自己毫不搭界的一个人，他，怎么会忽然来访？

爱玲寻思着，倒是一旁的姑姑看到了“胡兰成”三个字，知道些此人的底细，提醒道：“此人背景，似乎有些复杂呢。”

关于政治，张爱玲从来都不感冒，所以姑姑的提醒并没有让她有所警惕，反令她忽然觉得，对方绝不同于那些追着要签名的读者。同是拿笔杆子的人，既然人家留下了地址，自己大约应该去回访一次吧。

没有过多地思量，亦没有过多地修饰自己，半旧的短袖旗袍，外套一件半旧的短大衣，张爱玲款款走向了大西路美丽园。

张爱玲这身家常的打扮，在当时与胡兰成一起居住的侄女青芸那里却是十足的“与众不同”。她惊讶地看着这个比自己叔叔还高一点的女子：现在界面上都时兴短头发，偏她留得长些；衣服都是古旧样式，鞋子大概是自己做的吧，半只黑半只黄，在市面上从来没有见过这样的鞋子呀！

胡兰成则是另一番心思，他想象中的爱玲应该是美丽的，可是她却是这样与自己想象的不同，简直让自己不喜欢。可是真不喜欢吗？他分明又感觉出张爱玲身上的那种艳来，那是一种别样的美。

“美是个概念，必定如何如何，连对于美的喜欢亦有定型的感情，必定如何如何，张爱玲却把我的这些全部打翻了。我常时以为很懂得了甚么叫惊艳，遇到真事，却艳亦不是那个艳法，惊亦不是那个惊法。”（胡兰成《今生今世》）

对于胡兰成的这段话，看到过不同的解读版本。有人说胡是真倾心于爱玲，故情人眼里出西施；也有人说，像他这般脂粉堆里打滚的人，赞美女人的甜言蜜语不但能信手拈来，而且还能别出心裁，另外造出一种说法来。

不管是哪一种，总之，当爱玲怯生生地坐在胡兰成的客厅里，听他海阔天空地高谈阔论时，那温柔可亲的模样，全然不是上海滩那个风头正劲的女作家了。

胡兰成不禁有些恍惚，当初他读《封锁》，里面那一句：“封锁了，摇铃了，叮铃铃铃铃铃，每一个‘铃’字是冷冷的一小点，一点一点连成一条虚线，切断了时间与空间……”这词句里的清绝与新鲜的笔法叫他拍案叫绝啊，这真的出自眼前这弱女子之手？他忽生怜爱之情。

对谈之中，又闻张爱玲曾与苏青一起到周佛海家为自己说情，胡兰成心中一动，看眼前柔弱含蓄的女子，又是一番情意咂摸。

送爱玲回去，胡兰成这才发现爱玲这么瘦、这么高，身影在路灯下，拉成那么细细的一条，自己倒是像要藏在那细条之下了。他不禁脱口而出："你这么高，这怎么可以？"

此话一出，双方皆无语了。语句唐突，然里面呼之欲出的深意，彼此不言而喻。

02 临水双照影

第一次与胡兰成见面，爱玲回去后，思绪芜杂。今天胡兰成对自己讲了那么多，多到夜色降临才无可奈何地停止——可是竟毫无印象。那些都是虚的，实在的，只有彼此才品得出的情和意啊！

第二天，胡兰成便又去了张爱玲的公寓拜访。他永远也忘不了在那个阴森森的房间里，张爱玲一身宝蓝裤袄，单配一副嫩黄边眼镜，越发衬得姿容秀美。这一番倾谈，依然是胡兰成在说，张爱玲在听，从身世到世事，感慨万千。他又提到在杂志上看到爱玲的一张照片，爱玲第二日便取了给他，并在照片背面写了一句话：

“见了他，她变得很低很低，低到尘埃里。但她心里是欢喜的，从尘埃里开出花来。”

这一句，不动声色，却惊天动地，所有的表达在这句面前竟相黯然失色。

孤高傲然如张爱玲，竟然甘心俯身、低头示好！而胡兰成呢？爱情之中的两人本不可能平等，爱玲自甘仰视，难道他是那个高高在上之人？

非也，非也！虽然在爱玲面前，胡兰成滔滔不绝、睥睨上下，但其实内心里却被爱玲身上那种宁静与贵气给比下去了。

“我向来与人也不比，也不斗，如今却见了张爱玲要比斗起来。”（胡兰成《今生今世》）

与其说张爱玲身上的贵族血液令她的举手投足自有一种与众不同的气势，不如说她的才气与性格，让她身在俗世，却总是与俗世保持着一定的距离。而在官场混迹的胡兰成遇见如此灵气之人，一方面忍不住要比比，另一方面又暗自惭愧，自己怎么着也是低了她一些。

不说别的，单说爱玲幼时学琴学画，对于音乐和色彩的通感他便不及。再者爱玲的英文好，不管是书写还是阅读，跟使用中文无二，他也不及。自认为古典文学根底深厚的他，便从《诗经》下手了，可他刚一念出：“倬彼云汉，昭回于天……”张爱玲便接口道：“真是大旱之年啊！”又打开《子夜歌》，“欢从何处来，端然有忧色……”张爱玲又叹息：“这端然真好，她亦真是爱他。”

这个仙才女子，把胡兰成这种在女人中间挥洒自如的男人都惊着了，惊得他对于美、对于爱的观念都打破了——即使她不美，也惊艳了他。这惊艳，或许不是那种普遍意义上的惊艳，也的确是有些神魂颠倒了。

就这样，胡兰成着了魔一般，忍不住接二连三地到爱玲的公寓看她。可有一日，张爱玲忽然叫他明日不要来了。胡兰成这般高手，自然知道这是女人进入恋爱常见的烦恼与委屈，也不管，反而去得更勤，索性一日一去。

尽管胡兰成那时南京和上海都有家室，可他并不顾忌，但也不能太过于放肆，有时候去爱玲那里就带着侄女青芸。时年张爱玲二十三岁，青芸比她还略大些，称她为张小姐，张爱玲回称她：青芸。

虽然没有明说，但眼见两人你来我往，身边的人都已经猜到了是怎么回事。作为最亲近的人，张爱玲的姑姑张茂渊并不赞成他们在一起。到底胡兰成的名声不好，而她又深知自己的侄女虽然文字老到，性情却是单纯的，还从来没有经历过感情之事，生怕她有什么闪失。

这边胡兰成也对自己的侄女青芸讲爱玲的才情、爱玲的好处，还没讲完，自己就先陶醉不已。叫青芸吃惊的是，他还写了一首新体诗给张爱玲：

与你相会后才知道
你是民国世界里的临水照花人
只觉文章笔墨里你什么都晓得
你谦逊着经历世事极少
确然如此
这个时代的一切自会与你交涉
好似花来衫里，影落池中——

在今日看来，这些形容也绝非虚言，可不是吗？经历世事极少的张爱玲，却与俗世中的一切交涉响应，所以才落笔入神、妙语如仙！

胡兰成对于爱玲的赞誉与崇拜，也许他人也都能做到，但与其他人不同的是，胡兰成懂得她。为什么懂得呢？许是他那艰辛的身世，于悲伤绝望处生成，于红尘俗世中磨砺出的，那般剔透的性灵吧——虽有瑕疵，但此时还不掩光华！反正爱玲只觉得与胡兰成对谈，总是喜不自禁的，用上海话来说，胡是如此聪明，聪明得敲敲头，脚底板都是会响的。

就是这般通透聪明精绝地点中了张爱玲的穴道，以至于爱玲沉静里掩饰不住欢喜地回信于他：因为懂得，所以慈悲。

后来胡兰成的《今生今世》中也提到了这句传颂已久的话，他却说："我亦只是端然接受，没有神魂颠倒。"

依胡兰成的脾气，这话若非虚伪，便是他又犯了老毛病——一生只对好人叛逆。对于他身边的女人，几乎全都是如此，得到了，便不复新鲜——草灰伏线，这便是这段爱情故事走向结局的最初伏笔吧！

张爱玲的言谈举止都暴露了她恋爱的事实，而对她来说，的确是还没来得及准备好，便已经沦陷了。

张茂渊虽然担心，但爱玲是成年人，她的恋爱是自己的事情，他人没有权力干涉。何况张茂渊本来就是个清静自守的人，她自己半生没嫁，此番对爱玲的爱情如横加干涉，未免让人生出不好的疑心来。所以她只叹了一口气，说一句："你自己的事情，自己心里有数就行。"

姑姑没有支持，但也没有反对，爱玲欢喜有加。彼时正遇上傅雷先生以迅雨为笔名在《万象》上发表评论张爱玲的《连环套》，批评辛辣，一针见血。胡兰成自然是不乐意有人如此评价自己高看与喜欢的女人，亦写了一篇关于张爱玲小说的评论刊发于《杂志》，与其遥相呼应，通篇不遗余力都是赞扬，说“她是人与物的发现者”。

爱恋的快乐，懂得的快乐，被张爱玲深掩在心底，唯一透露出心情的是当时所写的一篇散文《爱》。文章很短，却意味深长：

“这是真的。

“有个村庄的小康之家的女孩子，生得美，有许多人来做媒，但都没有说成。那年她不过十五六岁吧，是春天的晚上，她立在后门口，手扶着桃树。她记得她穿的是一件月白的衫子。对门住的年轻人同她见过面，可是从来没有打过招呼的，他走了过来，离得不远，站定了，轻轻地说了一声：‘噢，你也在这里吗？’她没有说什么，他也没有再说什么，站了一会儿，各自走开了。

“就这样就完了。

“后来这女子被亲眷拐子卖到他乡外县去做妾，又几次三番地被转卖，经过无数的惊险的风波，老了的时候她还记得从前那一回事，常常说起，在那春天的晚上，在后门口的桃树下，那年轻人。

“于千万人之中遇见你所遇见的人，于千万年之中，时间的无涯的荒野里，没有早一步，也没有晚一步，刚巧赶上了，那也没有别的话可说，惟有轻轻地问一声：‘噢，你也在这里吗？’”（张爱玲《爱》）

开篇——这是真的，这的确是真的，出自胡兰成之口，故事中的女孩子，就是胡兰成发妻的庶母。爱玲倾尽笔墨去写这个故事，写得极美，风姿绰约，因为她是在对照自己，她在写自己此时的爱情。

没有早一步，也没有晚一步，就这么，遇见了！

03 岁月待静好

张爱玲童年生活的动荡、少年成长时的自卑，以及父母之爱的缺憾，令她内心一直深潜着安全感缺失的惊怯与不安。加之天才另一面的孤僻，内心炽热、外表冷漠的她亦不愿意轻易结交他人，除了炎樱之外，朋友极少，她是一朵独自盛放的花。

而胡兰成，遇见爱玲时已年近四十，阅人阅事无数。其行事的方式与眼光已日趋稳静，对女人又善察言观色，以情感人，这首先就让爱玲觉得心里贴伏；其次他学识才情与爱玲相比，虽不能更高一筹，然也是一点就透。爱玲孤高惯了，也会感觉寂寞，忽然有这么一个心意相通之人，自然喜不自禁，由喜及爱也是自然而然的。

再者女人爱上一个男人，多要含些崇拜和仰望的。这一点，胡兰成用自己幼小时的磨难、埋藏发妻时的悲哀、仕途上的颠簸，塑造成了一个大起大落、大情大义的男人。这真性情大坦率亦是张爱玲所没有历见过，闻之敬佩的。对于一个自负的女人，越是如此，越让她体会到被征服的快感。于是在如此“高人”面前，就不怪爱玲会觉得自己这朵花，低到尘埃里去了。

及至两人关系显明了，在南京做事的胡兰成每月回上海这几日，都不先去美丽园，反而直接到爱玲这里报到。门一开，他便喜滋滋地叫道：“我回来了！”俨然已经把这里当成了家，而爱玲则每每穿着她那些奇装异服迎接他。一双鞋头鞋帮都绣着龙凤的花鞋，是在静安庙会上买的。胡兰成说她穿这双鞋看起来线条非常柔和，于是她总穿给他看。

胡兰成在爱玲这里的几日，两人有说不完的话，连一同出去游玩的兴致都没有，只愿意一起待着。爱玲如同孩子一般，絮絮地给他讲自己，讲她如何爱钱、如何与姑姑同住而财帛分明，说得理直气壮，清清朗朗。还说起她对西洋人的看法，无论怎么俊朗的男子，总给她不太对的感觉，像是月光下一只蝴蝶落在了戴白手套的手上，让人心中似有什么堵着喘不上来。

没多久，胡兰成离婚了。一进爱玲的门，他便哭了起来。离婚是他妻子应英娣提出来的，那是位曾做过歌女的刚烈的女子，其实才刚刚被扶正，还没从幸福中回过神来，发现胡兰成又有了新欢，闹了一通未取到想要的效果，心灰意冷，主动提出了离婚。

大约胡兰成没有想到应英娣竟然主动跟自己离婚，一时间心里不是滋味，那多情的泪水自然要流给张爱玲看，以为对方也许会在自己的情意面前再度被感动，就像他之前提到那个因为没有钱同去日本的恋人、那个死了差点无法完葬的发妻……可这次，胡兰成错了。

张爱玲只是冷冷地看着他悲痛，一言不发，亦没有任何作为。那些过往的恋情，终究只是滔滔回忆中的一枚叶子，隔着岁月去看，只有讲述人当初的情感附着，令听者动容。可此时的胡兰成，他是为了另外一个女人在张爱玲面前哭诉。这女人，这感情，是切实的，像黑暗的山峰一直都那么沉沉存在于他们蜜室窗外的一隅——那就有点带着嘲弄和滑稽的意味了。更别提，胡兰成自己也清楚地描述过，张爱玲对一切都有着“清洁的理性”，在她面前饶是摊开各色动人，她也只是好意，而不动情。后来，胡兰成自己也觉得没意思，收住了哭泣。

张爱玲也曾对胡兰成说过，你以后就是在我这里来来去去也可以。这话听起来大度，胡兰成也夸她不落情缘，但一个恋爱中的女子，真的就没有丝毫的占有欲吗？她真的在胡兰成狎妓游玩时，心里没有一丝酸楚吗？她只是不屑与那些女人相提并论罢了。如果她真的对这份感情宽容宏大，又怎么会说出这样的话：“你这个人啊，我恨不得把你包包起，像个香袋儿，密密地针线缝缝好，放在衣箱里藏藏好。”

只是胡兰成此时倒不像历来那么会揣测女人心了，他对别人讲，爱玲愿意世上的女人都喜欢我呢！

这大概是胡兰成内心的独白，也是他对待情事的一贯态度吧！

比如，胡兰成毫不避讳自己对炎樱的喜爱。炎樱只听其名未见其人时，就对张爱玲赞叹起胡兰成这个胡字——古月胡，这么好！好像整个人都散发着一种朦朦胧胧的光。这番想象，令爱玲听得喜滋滋，可不，胡兰成身上还真是有这样的光。

话说得这般有趣，人又长得像莫高窟里飞天的神女，胡兰成见了炎樱，怎不喜欢？但爱玲也坦然接受了——炎樱单纯有趣、爽朗可爱，她自己亦很喜欢，并且深知炎樱对男人、对情事比自己理智得多，所以不用担心。

只是苏青就不同了。离了婚的女人在感情上往往藏着一份饥渴。爱玲在去苏青家里看到胡兰成也在的时候，心里一定是不舒服的，这些胡兰成也看出来了。

但是所有这些，不过是生活这件华丽皮袍子里的小虱子，它不会消失，亦不影响多少。沉浸在爱情中的张爱玲在这一段时间收获颇丰，《红玫瑰与白玫瑰》《花凋》《童言无忌》等佳作频出。趁热打铁，她又开始将《倾城之恋》改编为剧本。这期间，柯灵又给了她很多的意见和指导。可就在这出戏紧锣密鼓地排练之际，传来一个坏消息：柯灵被日本人抓进了当时设在贝当路的宪兵队。

柯灵与张爱玲之间的关系，虽然在张的《小团圆》面世之后，引起了很大的震动，但在那个时候，柯灵对她也算亦师亦友。张爱玲闻听柯灵被抓，不但与胡兰成一起去柯灵家慰问，还求着胡兰成去日本人那里说情，营救柯灵。后柯灵出狱，读到爱玲留下的便笺，得知爱玲此番情意，非常感激。但是直到后来读到胡兰成《今生今世》，他才知她是与胡一起去的自己家，还有胡去宪兵队为自己讲情的事情，作为一个与胡兰成有着截然相反的身份与世评的进步作家，柯灵一时间情绪复杂。

如果没有读到《小团圆》，我们只能从柯灵的《遥寄张爱玲》里解读这件事。可是在《小团圆》里，这件事又有了许多其他含义。这究竟是柯灵与张爱玲之间的误会，还是后世读者解读对照的误会，的确很难说清楚了。

张爱玲曾说，出名要趁早呀！大约是小时候某次过年，因为睡过了而没看到放鞭炮，便彻头彻尾地大哭，因为赶不上了——这孩童时期的记忆势必要伴随一生，让她对人生的一切都有一种仓促的感觉。她要在最好的年华写出最好的作品，邂逅最好的爱情。

在与胡兰成相处相恋的这段时间里，张爱玲是情深意重的。那么清冷不善交际的一个人，一张口，却是更加动人的言语。她的手指拂过胡兰成的眉头额头，说这里那里，她都喜欢，最喜欢的是嘴角那个窝，还傻里傻气地问："你这个人是真的吗？怎么就这么好？"直问得胡兰成也答不上来，但内心却十分得意。看到胡兰成一个人在房间里批文写字，她在外间偷看——"他一人坐在沙发上，房里有金粉金沙深埋的宁静，外面风雨琳琅，漫山遍野都是今天。"

恩爱至此，再则各自都是单身，再洒脱的人也要考虑长相厮守了。胡兰成因身份问题不便公开与张爱玲结婚，但是两人却在炎樱的见证下缔结了婚约。除了主婚人炎樱，还有胡兰成的侄女青芸，她是因为看到胡兰成一大早衣装郑重地出门，悄悄跟来的，不想也见证了这一幕。但是张爱玲最亲近的亲人——姑姑，却并没有出现。不闻不问，这是作为姑姑的态度。

那是1944年8月，时年张爱玲二十三岁，胡兰成三十八岁。

没有烦琐喜庆的仪式，只有两位见证人与一纸婚约，张爱玲撰了第一句：胡兰成张爱玲签订终身，结为夫妇。胡兰成续下一句：愿使岁月静好，现世安稳。

此刻回首这句被后人无数遍描摹的佳句，遥想当时写下此言的胡兰成，虽然祝愿现世，真正要的却不过只是此刻，而根本没有去想天长地久。

走得最快的，总是最美的时光，但这最美的时光却永远留在当事人的心里。许多年后，张爱玲对自己与胡的恋情只字不提，胡兰成却在《今生今世》里对张爱玲一遍遍赞叹。说她“天然妙目，正大仙容”；说她“行走时像风细细，坐下时淹然百媚”——这些话由爱玲传与他，他再度用在爱玲身上，爱玲亦觉得妥帖甚好——如此，便不难理解为何胡兰成说爱玲使他业身解脱，若不是她，不会有以后的《山河岁月》。

尽管这些赞誉的背后，始终让人怀疑别有用心。

04 多情空余恨

尽管与世事隔着一层山水，然而也逃不出社会上的种种热闹。《传奇》集评茶会之后，朝鲜舞蹈家崔承喜来访，梅兰芳与其对谈，张爱玲作为上海文化界名人也列席了座谈会；甚至后来《杂志》社的纳凉晚会，邀请满洲明星李香兰与日本军人及汪伪文人对谈生活与艺术，张爱玲也去了，只是言语不多；及至日本大东亚文学者大会给她送了邀请函，她终于觉得吃力而无趣，写信辞了去。

这一切，都在说明，尽管张爱玲在上海乃至全国文坛上只是一颗新星，却迅速而彻底地放出了她的璀璨，万众瞩目。

1943年到1944年这两年，张爱玲要风得风，要雨得雨，名也有了，钱也有了，但有时候胡兰成拿钱给她，她也很喜欢地接了。毕竟在中国女人的心里，让丈夫养着，是一件很荣耀、很幸福的事情。她拿着那点钱做了一件皮袄，兴头头穿在身上，裹紧身体，觉得自己像一只狗，露在外面的鼻尖凉凉的，也像狗——这是一种俗世的快乐啊，一切俗人想要的，红尘中夫妻的快乐她都想尝试。

十指不沾阳春水的张爱玲开始上菜市场，她本是喜欢西点的甜腻熟烂，把自己做一只红嘴绿鹦哥般调养。现在穿着胡兰成最喜欢的绣花鞋，甘心情愿走到铺满菜叶污水的菜场上去为他购买肉与蔬菜，回来亲自做一餐饭食。

在房里时，两人“照花前后镜，花面交相映”，同住同修，同缘同知。

结伴去看电影，挤在一辆黄包车里，招摇地穿街过市，如同以前穿着奇装异服那般理直气壮，无惧众人的目光。一个是金童，一个是玉女。

美好得不真实，便越发透着末世的荒芜气息。

胡兰成无疑是贪心的，他贪的不仅是这位才女的心与情，还有政治上的野心。

1944年夏天，一个黄昏，张爱玲与胡兰成在公寓的阳台上眺望似蒙着一层轻雾的上海，恰如迷蒙不清的时局，重重忧虑浮上心头。伤感似乎是会传染的，胡兰成尤觉内心凄楚。

随着汪精卫的死，汪伪政府彻底倒台，而日本在中国的战况也江河日下，残破的羽翼遮不住他们护佑的残渣。眼看大势将去，怎能不叫他忧心——未来的平安，可能就不是他们个人能掌控的了，唯有各求各的平安罢了。

胡兰成的忧虑也使得爱玲有了不安，但她始终相信，聪明如胡兰成，什么样的劫难不能躲过呢？！胡兰成也安慰她，自己必定能避得过这个难，只不过头几年需要改名换姓地躲上一阵罢了。胡兰成信誓旦旦，两人如此的情意，即便隔了银河也是一定能相互找见的。

“那时你变姓名，可叫张牵，又或叫张招，天涯地角有我在牵你招你。”张爱玲说。

随着时局越来越复杂，胡兰成嗅到了危险的气息，却还不死心。在日本人池田的斡旋下，1944年11月，胡兰成从上海来到了武汉，主持《大楚报》的出版。

武汉也非清平之地，自1942年以来，美军就开始对驻扎此地的日本人进行剿灭式的轰炸，到处人心惶惶。胡兰成刚到武汉时，写信给爱玲描述飞机轰炸的情形：一枚炮弹在不远处落下，彼时的他被惊吓得似乎已无生路，他伏倒在铁轨上，大叫了一声“爱玲”！

也许那个时候，胡兰成内心是真的惦记着张爱玲的，但可惜这番惦记没有维持太久。

《大楚报》主编是胡兰成，他还从上海带过来其他三位编辑，其中一位是周作人的弟子沈启无做了副社长。社址在汉口，四人却居住在汉阳县立医院的楼下，与护士小姐的宿舍相邻，每日里过江去上班。

时局不稳，未来不明，每日的轰炸又叫人提心吊胆，胡兰成满腹的抱负在武汉没有得到施展，甚至与其他几位编辑也相处不好，尤其是沈启无。他嫌这个人太自私、太贪婪，比如搬运行李时，沈竟然站在一旁观看而不动手；来时他与沈启无都未带冬衣，先给沈启无做了件棉袍，沈却抱怨太单薄……这样一个具有诗才学识之人，却如此没有风度，胡兰成很失望。

其实胡兰成的反感，最深层的原因是沈启无管了他的闲事。

在武汉刚住下、炸弹还不时从天上丢下来的时候，胡兰成的风流习性再度发作，与隔壁宿舍的一个十七岁的护士小周有了牵连。

那晚，他与几个护士站在医院后门看对面武昌的空袭。十七岁的小周护士一脸惊怯，娇憨可爱的模样落在胡兰成眼里。胡兰成心里一动，不由得问她姓名，她浅浅地回答："我叫周训德。"胡兰成紧接道："我叫胡兰成。"此话刚落地，远处一颗炮弹扔下，火光四射。护士都是些小女孩，惊叫连连。胡兰成觉得像是自己名字带出的大动静，反而很是得意，也对身旁这个小周有了格外的注意。

小周也的确跟其他女孩子不太一样，这并不是说她多漂亮。她只是天然一副素净的样子，冬天穿一件薄薄的蓝色夹旗袍，蓝得格外清澈，似乎都起了凉意。但她却是那样坦然的，好像并不怕冷。

小周虽然出身小市民，但人很是朴素大方，也能吃苦。她的母亲本是父亲的一个妾，身为银行职员的父亲与嫡母已经去世，母女俩相伴度日。作为一名产科的见习护士，风雪夜里出诊也是常有的事，每每她去，从不叫苦。而年龄尚小，娴静藏在青春里，更是动人。胡兰成就这样迷上了小周，每天上班前下班后都要见见她，还要拉着她一起在江边散步，看一双双脚印跟在背后，延伸很远……

再往后，胡兰成要收小周为学生了，教她读诗背词，两人接触起来就更加名正言顺，相处的时间也就更多了。胡兰成用心，小周也聪明，但她的聪明自然不同于张爱玲的慧智。比如在胡兰成殷勤献好的时节，沈启无就曾提醒过她胡是有家室的，她并不觉得这有何不妥，也不会像有思想的女子那般去考虑乱世之中的感情——是不是人在离死亡与绝望很近时，惶惶中急于寻找一种寄托？！小周的娇憨灵动，恰是胡兰成此时想要的安抚与亲近，尤其是小周又把沈启无的劝说学给胡兰成听，更显见其单纯无邪。只是胡兰成非但没有收敛，反大骂沈启无，说他卑鄙龌龊！这是胡兰成讨厌沈启无的真正原因，亦透露出胡的脸皮的确有如世人所说的那么厚。

有着“三月花事的糊涂，漫漶的明灭不定”的小周，让当时的胡兰成神魂颠倒了，就像当初他与张爱玲初相识那样。他仿佛已经彻底忘了，当初那种凡事只要跟张爱玲有关，便觉得无一不是好的感觉，时不时总想啸歌的欢欣喜悦了。

胡兰成也向小周要照片，而且也要小周在照片上题词。小周自然没有张爱玲的才华，可以做出低到尘埃的绝句，但她巧妙地用了刚从胡兰成那里学来的隋乐府：“春江水沉沉，上有双竹林，竹叶坏水色，郎亦坏人心。”

心意似那流动的春江，一眼便看个分明。

这一比之下，爱玲是高高在上俯视众生的，小周是温言软语贴心贴肺的；胡兰成在张爱玲那里总想比试却比试不过，在小周这里却是卸下铠甲无比轻松的。

胡兰成想娶小周了，但小周虽然年龄小，面对胡的求婚，却有着极正的主意：妈妈做了人家的妾，她万不愿意再走母亲的老路，言明如胡兰成真想与自己结婚，必须明媒正娶。

胡兰成依了，与小周结婚。这次婚礼，是胡兰成的第四次，可爱玲一无所知，还在情意殷殷地写信给自己的丈夫，说生活中的琐碎小事，说上海的灯火管制：家里的灯泡要挂上黑灯罩，她爬上去挂，一边还念着沈启无的诗——我轻轻挂起我的镜，静静点上我的灯……这对沈诗人的玩笑让爱玲觉得很好玩，她却不知道这个诗人为了自己打抱不平而正被胡兰成厌恶着。

如果不说胡兰成，1944年下半年，爱玲的收获还是颇丰的。9月，《传奇》再版，封面不再是原来氤氲的湖绿色，而交由炎樱设计底稿，似古绸缎盘下深色的云头，又似潮头下涌起的层层浪花，细看又是小的玉连环，彼此勾搭，又像月亮——一如说不明道不清的世事。爱玲觉得这强而有力的图案做封面很好，心甘情愿一笔笔描画，心里犹在想："生命也是这样吧——它有它的图案，我们唯有描摹。"这话听来如此凄凉，不知道当时的爱玲，是否对武汉那边的一切有所感应？

12月，散文集《流言》也由五洲书报社出版。《流言》的名字与《传奇》一样出奇，据张爱玲自己说，这名字出自于一句英文"Written on water"，意即写在水上的字。字写在水上，自然是飘忽不定的，既不长久，又希望它传播流动得快。

《流言》中收录张爱玲散文近三十篇，封面依旧是炎樱设计的，还附有她的照片和手绘的插图，里面有张大一点的照片，也是和炎樱一起去照的。在这些地方，炎樱总有些灵巧的心思，她要爱玲别放开地笑，要笑在眼睛里，头发中挑披下，还要露出肩膀——这才是维多利亚风的感觉。爱玲由她摆布着，觉得有些窘。等洗出来，炎樱又亲自跑了好远去取来送给她，种种情意，加上照片出来后的效果，爱玲反而又觉得好很多了。

而这一年底，在柯灵及其他业界朋友的指导帮助下，修改排练了数次的话剧《倾城之恋》终于上演。由当时上海四大话剧导演之一的朱瑞钧执导，主演罗兰与舒适，分饰白流苏与范柳原。两人都是上海滩的大明星，连与他们配戏的小角色也都是当时响当当的演员。超强的阵容与主演们扎实的演技以及张爱玲笔下这个动人的故事一起，轰动上海，连演了八十场，各大报纸争相报道，甚至开印出了《倾城之恋》的特刊。众影评人妙笔生花，比赛似的写自己看《倾城之恋》的心得，无一不是赞誉。赞主演罗兰抓住了白流苏的神韵，也赞剧作者张爱玲将一出离乱的爱情写得如此哀艳动人。

这是张爱玲又一场盛大的胜利，可是她却只能一个人享用。岁末将近，所有的喜悦都放在一旁，她期待的只是武汉的那个人能回来与自己一起过年。

1945年春节来到了，这是张爱玲新婚的第一个春节，但她还和没结婚前一样，是与姑姑一起过的。炉火旁的她袖着手，回忆起她的兰成讲给她的那些关于胡村的事情，那些孩童的民谣、过年的习俗，一切都与眼前这炉火一般温暖。可是爱玲决计想不到，武汉那里她最亲爱的兰成，却正兴冲冲地为他的新媳妇小周做十八岁生日，请一帮护士小姐吃寿面。

一切华美的背面，都趴着那些啃噬美好的小虫子，甩也甩不脱。这一点，爱玲怎会不懂？只是她没有想到，那些突如其来的美好与沉醉，会走得这么快！

05 红尘戏中戏

张爱玲爱戏曲，对京剧的兴趣尤为浓厚，越剧次之。《金锁记》《连环套》都是京剧戏名。在她诸多的作品里都有京剧的影子、鼓点作衬，她还曾写过一篇《洋人看京戏及其他》，中英双文，颇有见解。张爱玲也爱电影，她的弟弟张子静曾回忆过一件事情。那是他们的继母已经来到张家的时候，暑假全家去杭州亲戚家避暑。刚下火车，便看到报纸上刊登的上海电影院的广告，张爱玲喜欢的演员谈瑛主演的《风》正在上映。爱玲便立即要求回上海，家人拗不过，便让张子静与其一起回去。到了上海，张爱玲直接从火车站奔赴电影院，连看了两场才过瘾。彼时张子静头疼欲裂，张爱玲却高兴地说："幸亏是看到了，不然心里多难过。"

再看张爱玲初为杂志写稿，《泰晤士报》与《二十世纪》上所刊载的，以影评、剧评为多，足见其阅片范围之广，入戏程度之深。

所以说，如果是传统文学与西方小说奠定了张爱玲的写作基础，那么戏曲与电影则滋养了她的文字与天赋，扩充了她的视野、建构与表现形式。在她的作品里，电影画面般的细节描写屡见不鲜，在整个故事情节中画龙点睛，意味深长。

1944年初，张爱玲就小试牛刀，写了有生以来第一个剧本——《走，到楼上去》。

这个戏讲的是拖儿带女的一家人投亲，却与亲戚闹翻了。男主人愤然起来要走，女主人悲哀地问哪里有地方可走？男主人道："到楼上去——楼上近便，一叫开饭，他们便会下来。"这是一出简单的讽刺小戏，是热热闹闹的普通人的戏。张爱玲把这个剧本给柯灵看，请他指导。爱玲诚恳，柯灵也就毫不客气地指出了缺点：结构散漫，尤其是最后一幕，简直不能用。爱玲虚心受教，回来一改再改，后来觉得改好了，但又茫然不知道该投向哪里。那时上海的剧团的确是缺乏剧本的，但缺乏的是曹禺这样的大家之作，剧作新人的作品，常常是无人问津的。

最后，张爱玲还是选择把这篇《走，到楼上去》的剧本刊登在了4月的《杂志》上。那时的她，是正被众人仰望的作家，无论怎样的一篇文字，都只会为刊物增色。

有了《走，到楼上去》的试炼，张爱玲又着手将《倾城之恋》改编成剧本。她找来的指点之师依旧是柯灵，柯灵把她介绍给大中剧团的主持人周剑云。此人是战前明星影片公司的三大巨头之一，美女、贵妇见过无数，可那日见了张爱玲，却忽然显出了拘谨之色，只因那天的爱玲，打扮着实出挑——水红色仿古式齐膝夹袄，罩在旗袍上面，夹袄有着夸张的宽袍大袖，黑色的宽缎面镶边，盘着云头如意，光华艳艳。在才女的盛名与服装的双重光耀之下，周剑云的确有些放不开了。

1944年12月16日，《倾城之恋》在后来改名叫长江剧院的卡尔登正式公演，一演倾城。

漫天的赞誉如花雨纷纷落下，张爱玲守着铺天盖地的喜悦，却只念着那一个人。不料那个人在长江边，与伊人漫步，对坐谈情。

《倾城之恋》年后又上映了一个月，好评如潮。余波未散，散文集《流言》再版，加上2月27日，在张爱玲的公寓房间里，召开了一场由记者主持的张爱玲与苏青的对谈会——爱玲的时间排得满满的，单只等着胡兰成回来，就放下手头的一切好好陪他。

3月，胡兰成从武汉回到上海，盼了半年的张爱玲欣喜若狂，胡兰成却和她说起了小周的事情。爱玲一时没有太大的反应，胡兰成的花心她一向知晓，以为这次也不过是沾衣带水的花瓣，不多时便会自行脱落。孰料胡兰成一说再说，小周似乎黏在了他的唇边心头，爱玲开始有些失神诧异了，她要胡兰成做一个抉择。

爱玲始终是骄傲的，在她心里，一个县立医院的护士，怎么能与她的倾世才情相提并论？或者以她的孤傲，她不屑去想，亦不屑去烦恼——烦恼什么，最爱的这个人不是就在身边吗？

可是两个月后，胡兰成终究还是回到了武汉。时局更乱，前途更加无法细辨，胡兰成越发觉得眼前的佳人是唯一可以抓住的依恋。加上久别胜新婚，二人缱绻缠绵，万般情意无以诉说，同游荡舟，无惧空袭警报。

日伪已近末日，小周代表的却是眼前真实可靠的情感，胡兰成一刻也不愿意放手地抓着，对于张爱玲要自己做选择的事情，他完全忘记了。

这种隔绝天日的恩爱持续到了1945年8月15日，日本无条件投降。胡兰成的主子倒了，他开始了逃亡之路——从武汉到南京，从南京到上海，在张爱玲处匆匆留宿一夜后，又张皇地离开了。

这次，胡兰成去的地方是浙江诸暨，他的一个旧日同学家。同学姓斯，与他早年前就相交甚好。年轻时的胡兰成就曾在斯家住过些时日，当时斯家上下待他都不错。可是天生多情种子的他，竟然对斯同学的小妹起了心思，似全然忘记他已经结婚了。此事被斯家知道了，便客气地将他请走了。

三十年河东，三十年河西。没用到三十年，胡兰成做了官，斯家却败落下来，反而受到了胡兰成的接济帮助。此时胡兰成再次投靠斯家，依旧受到了款待。斯同学的父亲去世了，家里除了寡母还有一个姨太太，叫范秀美，比胡兰成只大两岁，人很热情。看胡兰成在斯家躲着也是心慌慌，范秀美主动提出带胡兰成去温州自己的娘家避避，两个人便一同结伴去了。

本不在一个辈分的两人，在逃难过程中，渐渐住在了一起。胡兰成不仅忘了他惊为天人的爱玲，也忘了刚结婚几个月、依依不舍作别的小周，只顾怜取眼前人了。

范秀美出身贫苦，嫁人做妾，一直是小心翼翼的。可是她到底架不住胡兰成这种能说会道、善服女人心的男人，心甘情愿地与他结了婚。

关于这个事情，胡兰成依旧很坦然——“我在忧愁惊险中，与秀美结为夫妇，不是没有利用之意。要利用人，可见不老实。”但他接着还是巧妙地为自己开解，说自己即使利用人，也势必要弄假成真，别人给自己的情，自己会加倍给对方，从不亏欠。

一生酷爱戏剧的张爱玲，怕是没有想到胡兰成是这般一个逢人动情、逢场作戏，且每每都称投入真情的人吧？

胡兰成与范秀美在温州做夫妻，张爱玲一无所知，她担心的只是如丧家之犬的胡兰成的安全。担忧不断发酵，终于在1946年2月，张爱玲去了温州寻夫。

当张爱玲站在胡兰成蜗居的范秀美娘家门口时，胡兰成惊呆了，反应过来后，第一句话不是对爱玲长途跋涉的慰问，而是恼怒地呵斥，责问她来这里干什么，还不赶紧回去！

胡兰成对范秀美及家人称张爱玲是自己的妹妹，把她安排到了公园旁的一家小旅馆住，为避嫌，只白天来看她。起初爱玲对一切浑然不知，还痴痴地告诉胡兰成，自己从诸暨丽水过来，一路都在想着这里的路都是他走过的，自己就踏在他的脚印上。来的船上远远看到温州，就只觉得温州城像含了个宝珠一样放着光，只因为她的胡兰成住在里面啊。

范秀美偶尔也来旅馆坐坐。有次胡兰成先来，不一会儿觉得腹痛难忍，但却一直不说出来，直到范秀美来了，他才像孩子向大人诉说委屈般地告诉了范秀美。旁边的爱玲一惊，第一次觉察出两人之间的不对劲。

接着，爱玲为范秀美画素描，她的长相有一种汉民族本色的美。可画着画着，她停下了笔。她画不下去了，因为她越画，越觉得范秀美的鼻子、眉毛、眼睛太熟悉，与她的胡兰成太像太像，像得令她心惊肉跳。人常说生活在一起的夫妻会越来越像，这个发现坐实了爱玲之前的猜测。但她忍住了没有问，她心里还横亘着小周。

爱玲仍旧把以前的问题抛了出来，一定要让胡兰成在自己与小周之间做个选择。

胡兰成答道："我与你，天上地下，无有得比较。若选择，不但于你是委屈，也对不起小周。人生迢迢如岁月，但是无嫌猜，按不上取舍的话。"

胡兰成的狡猾，将逃避与薄情轻轻遮掩过去，以为聪明如爱玲，可能就此收口了吧。但爱玲不依不饶，继续问："你说最好的东西是不可选择的，我完全懂得。但这件事要请你选择，说我无理也罢。"

张爱玲问出此话，心抖得厉害。胡兰成一味沉默，只是不答。

"你给我的婚帖上写现世安稳，你现在不给我安稳了？"爱玲的声音在颤，宛若嘴里含着一口开水。

胡兰成辩称，如今世事难料，小周已经被抓进了监狱，两人能不能再见都无从可知了。

无论如何，胡兰成就是不愿意给张爱玲一个明确的答复。他不愿意给，也给不了，何况，现在身边还有一个范秀美。他大约才是真希望天下所有女人都爱自己，温香软玉满怀，只是不要去谈责任和唯一。

张爱玲在温州住了二十几天，这二十多天里，她每日目睹胡兰成与范秀美的恩爱，自己的伤痛不能露出半点，她一定时时刻刻都在煎熬呀。清高如她，聪慧如她，一定也是想尽早离开，再也看不到这般刀割一样的画面。一看到面前的人，就想到在上海公寓里，胡兰成与她也是这样两两相对，喜不自禁——“今日相乐，皆当喜欢。”这才不过多少时日，胡兰成竟然把曾经说过的：有了她，才有了自己——忘得一干二净。

为什么一直挨了二十多日才走，盖是因为爱玲心里一直存着一丝侥幸吧。她还是要胡兰成给自己一个态度，她以为胡兰成最终会给自己那个想要的答案。

究竟多情即无情，还是薄情人都无心？当日里不管不顾地爱爱玲爱到天上去，今日一句安稳的承诺都不愿意轻易说出口了。

爱玲忍痛告别，她说：“你到底不肯。我想过，我倘使不得不离开你，亦不致寻短见，我将只是萎谢了。”

这是决断吗？不，这只是一种委屈，还带着侥幸的委屈。

带着一颗浸满痛楚的心，张爱玲黯然神伤地离开了温州。回去的船上，她再度看着那座城，那滔滔的黄浪如起伏的心潮，张爱玲忍不住失声痛哭。

然而回去以后，爱玲还是放不下胡兰成，写信给他描述自己离开时的心情，随信又寄去了一笔钱，那是她的稿费。那时，她的写作如日中天，他则惶惶不可终日。她是万人瞩目的女作家，他是人人喊打的汉奸文人，但她惦记着他，纵使他薄情无义。

张爱玲回上海，胡兰成随后也从温州回到诸暨，一个人躲到斯家的小楼上，开始写《武汉记》。这期间，两人还在通信，然而曾经你来我往的文字是将爱意层层累积，如今每每展开信纸，爱玲的心却在字里行间的滚动中逐日凉了下来。

1946年底，胡兰成从诸暨再回温州，经过上海，在张爱玲家留宿。分别数月，忽然相见，本该是互诉衷情，可胡兰成一张口，却是指责张爱玲在温州的种种表现，说她这般那般不合时宜。张爱玲隐忍不发，她不认为自己有什么错。接着，胡兰成将自己与范秀美的事情告诉了爱玲，虽然心里早有准备，但还是一声霹雳，将爱玲震得几乎要站立不稳。她这厢还未镇定下来，胡兰成竟若无其事拿出《武汉记》问她看了感觉如何。眼见文本间小周的影子无处不在，他竟然还要自己去点评，张爱玲忍无可忍，把书丢在一旁。胡兰成觉得没面子，立刻不悦地在张爱玲手背上打了一下。

是夜，两个人分房而睡。张爱玲泪湿枕巾，到天亮才迷蒙入睡。胡兰成过来告别，她半梦半醒，抱着胡兰成低泣，唤一声兰成，心如刀绞。

最后一次相见，曾经的深爱，如今的深痛。

胡兰成回到温州范秀美娘家，依旧到处钻营，妄想有一天重上青云。他化名张嘉怡，声称府上在丰润，先祖是张佩纶，借张爱玲的家世与当地乡绅鸿儒结交，被推至中学教书。又想法结交上与胡适齐名的梁漱溟先生，与其通信往来。胡兰成越发觉得自己有经天纬地之才，只是暂时屈居山野，给爱玲的信中狂妄躁动，一扫以前的温文尔雅。张爱玲读出他的自我膨胀，渐渐看出了他的真容。

自小的家庭环境，天生具有的对人性的锐利眼光，令张爱玲终于从这场奋不顾身的爱情里抽身出来。她冷静了，她看出来了——“攀条摘香花，言是欢气息”终究散了，胡兰成已不是她眼里那个“敲敲头顶，脚板亦会响的”聪明人了，他的聪明还在，只是在自己不喜欢的地方。

06 人间不了情

1947年6月，正在创作《山河岁月》的胡兰成收到了张爱玲的一封短信：

“我已经不喜欢你了。你是早已不喜欢我了的。这次的决心，我是经过一年半的长时间考虑的，彼时惟以小吉故，不欲增加你的困难。你不要来寻我，即或写信来，我亦是不看了的。”

纵如此清净情绝，仍旧随信附了三十万块钱给胡兰成，这是她当时创作的电影剧本《太太万岁》的稿费。

彼时的胡兰成，是否真的再度感受到了张爱玲如他描述的“理性的清洁”？她情与财皆不欠人，此番两清。

但胡兰成却似乎有些惊愕了。张爱玲在他心中，爱与不爱是另外的事情，但那个无法比拟的高度却是一种对于他的装饰。他乐于与诸多女子保持关系，并且也希望她们之间和谐。可是张爱玲虽然说过为他低到尘埃里的话，却没有真的把自己的自尊践踏如泥，而是在最终看清楚胡兰成的滥情与虚伪之后，毅然忍痛作了这个决断。

由张爱玲提出分手，胡兰成知她性格，此番定是想过千百遍后的认真，他如若再写信给爱玲，她定是如信里讲的——绝对不会看了。纵如此，胡兰成还是抱着一丝希望，试图通过炎樱来给张爱玲传递一点信息。

“爱玲是美貌佳人红灯坐，而你如映在她窗纸上的梅花，我今唯托梅花以陈词……年来我变得不像经常，亦唯冀爱玲以一杯水溉其根株耳，然又如何可言耶?”

这是一封写给炎樱的信，牵强附会的比喻，加上胡兰成一贯夸大的“至真至美”，显示出的只是他的可笑与轻浮。炎樱没有理他，张爱玲更不会。

后来胡兰成又先后和两个女人有了关系，逃至日本后，陪在他身边直至终老的是佘爱珍——曾是汪精卫政府警卫队长吴四宝的老婆，也是一位手段非凡的黑帮女老大——他在回忆录《今生今世》里把与自己有关系的几位女子一一写遍，皆情意殷殷，以佘爱珍的描写最多最佳，不知是真遇见了降服自己的对手，还是惧怕身边女人的手段。但无论如何，那些把自己描述成纯良且纯正情种的文字，却只让人读出滥情的味道，荒唐直透纸背。

张爱玲读到那些写自己的文字，很是不快，曾向挚友夏志清抱怨，说胡兰成大约是年龄大了记忆不好，写自己那段写得夹缠得很，如果她要是回信，势必“出恶声”。

但张爱玲没有写信出这口恶气，是因为她太了解胡兰成了。此番这般撩拨她，就是希望她有回应，而她就是隐忍不发。

那个时候，张爱玲想必是真真正正看破了这个男人，也真真正正放下了这段感情。他们最恩爱的时光不到一年，放下这段时光，却用了半生。

女人一生中遇见几个人渣也不是什么大不了的事情，时间是最好的良药。但像胡兰成这种为了自己的目的，多年之后将旧伤口翻开展览，自以为含情脉脉，却实在是叫人恶心。

再回到1946年吧。这一年，张爱玲独自吞咽着爱断情伤的痛，心情尚未复苏。不想正值抗战胜利之初，许多汉奸被拎出清算，那些小报又夹枪带棒纷纷指责她与胡兰成的情事。整整一年，张爱玲没有新的作品发表。

但张爱玲并不曾就此停笔。

1946年8月，曾创办百合影片公司，拍摄过《采茶女》等片的著名电影实业家吴性栽，在继又投资合众、大成、春明等电影公司后，独资创建了文华影片公司，想走一条高质量的艺术电影的道路。导演桑弧对《倾城之恋》印象颇深，想请张爱玲做编剧，便托柯灵相邀张爱玲，在桑弧位于上海石门一路旭东里的家里请客。

当日赴宴的，除了柯灵和张爱玲，还有炎樱，当时的蝴蝶鸳鸯派作家胡梯维及夫人——京剧旦角金素雯，以及时年刚当选的上海小姐——舞星皇后管敏莉。众人都是文艺界活跃人士，可谓济济一堂，相谈甚欢。只有张爱玲，正因与胡兰成之间的纠葛，郁郁寡言。

张爱玲与桑弧自那天宴会便正式认识，但要说到两个人的第一次交集，还要说起话剧《倾城之恋》。当时此剧演出成功，张爱玲为感谢柯灵的帮助，送了一块衣料给他。柯灵做了件袍子，被桑弧看到，笑着用上海话称："真是次刮拉新的么。"这是说那布料的蓝色蓝得亮——这算是第一次间接接触吗？

张爱玲对于桑弧的邀请有些踌躇，她喜欢电影，但是还从未涉足过电影剧本，但禁不住那时文华电影公司的宣传龚之方（著名的影坛前辈和电影推手）的磨缠：先诉说他们对张爱玲小说的仰慕，再说文华影业对于文艺电影的雄心壮志及雄厚班底，一再游说邀约下，张爱玲终于点了头。

自此，张爱玲与桑弧的合作共持续了六年。

而桑弧与张爱玲之间的关系，也如云山雾罩，被外界不断揣测着，唯当事人皆一言不发。直到张爱玲去世后，《小团圆》得以面世，我们才从那自传般的字里行间，嗅到了一点往事的芬芳。

桑弧出身清贫，但为人努力上进。他原名李培林，幼时父母双亡，曾在一家证券商行做学徒，后在沪江大学读新闻系，进入中国实业银行做职员。1935年，他认识了著名京剧表演艺术家周信芳与电影编剧、导演朱石麟，经由二位艺术家指点提携，始与电影结缘。

认识张爱玲以前，李培林就以桑弧为名创作了剧本《灵与肉》《洞房花烛夜》《人约黄昏后》，均由朱石麟执导搬上荧幕。朱石麟见他确实是个可造之才，就指导他自编自导了《教师万岁》和《人海双珠》。

时值文华影业成立，踌躇满志的桑弧一心想打响自己新征程的第一炮，所以力邀张爱玲做编剧。桑弧那年三十一岁，生性忠厚老实的他不善言辞，所以说服工作才交给了龚之方。

张爱玲点头答应后，在很短时间内就拿出了她的第一部电影剧本——《不了情》。彼时她头顶着“文化汉奸”舆论重压，生活与写作均大受阻力，正是苦闷之际。有人抛来橄榄枝，她不能辜负这份期待，她也想借助自己的电影作品，从重压下抬头喘上一口气。

1947年4月，《不了情》被桑弧搬上了荧幕，主演是红极一时的小生刘琼和号称“最有前途的悲旦”陈燕燕。陈燕燕是张爱玲最喜欢的女演员之一，主演过数十部电影，尤其是塑造悲剧人物有着丰富的表演经验。而这部《不了情》，正是一个悲情的爱情故事。

虞家茵，一个年仅二十五岁的女孩子，在兴中药厂厂长夏宗豫家做家庭教师。虞家茵的父亲早年就弃下她们母女不顾，一个人逛花花世界去了，虞家茵与母亲相依为命，是上海滩红尘中倔强而柔弱的一名女子。在夏家做家庭教师的过程中，她与婚姻不幸福的夏宗豫相爱。尽管是一种柏拉图式的恋爱，仍然受到了四面八方的种种阻碍——虞家那个浪荡鬼父亲忽然出现，三番五次地敲诈夏宗豫；夏家小女儿也是一道阻碍，总不能让她像自己一样去恨上她父亲吧；还有夏宗豫在乡下的妻子，她虽管不了夏宗豫，但守旧迂腐的观念令她死也不会放手，她要那个名分——到后来，虞家茵只能远走厦门，与心爱的人天各一方。

不了情，多少恨！

影片上映，好评不断，被评为“胜利之后国产影片最适合观众理想之巨片”。只是张爱玲还有些不满意，主演陈燕燕因为刚生过孩子，身材还没有恢复到最佳状态，只能用道具黑大衣遮盖着，难免就欠缺些风姿。后来张爱玲看到陈燕燕再演的其他电影，都是已经恢复了的苗条身姿，不免叹息，自己的《不了情》到底不够圆满。

但是《不了情》取得的成绩是有目共睹的，趁着这个风头，张爱玲又把《不了情》的剧本改成了小说《多少恨》，刊登在《大家》杂志上。

《不了情》的成功，证明了桑弧没有看错人，他继续与张爱玲合作了第二部剧本《太太万岁》。与《不了情》的悲情忧郁不同，这个片子是一部家庭喜剧，讲一个精明能干的主妇，在帮助丈夫事业成功之后，丈夫却出轨找了个交际花，自己又受到婆母责难。纵使这般为难，她却还是一心帮助丈夫渡过难关，又巧妙地制服了要敲诈自己的交际花，还促成了其弟与小姑的婚姻，最后家庭重归美满。

《太太万岁》由石挥、上官云珠、韩非等人主演，个个都是能演会作、声色俱佳的角儿，颇切合影片所具有的好莱坞20世纪三四十年代经典“神经喜剧”的调调。年底上映，影院内观众笑声一片，喜剧电影，要的就是这个效果！

果然，《太太万岁》翌年便收获得了最高票房，更被誉为“年度影坛压卷之作”。

接连合作成功，张爱玲脸上也有了喜色，渐渐与文华影业的同事们有了更多的来往交流。吴性哉是个豪爽爱请客的人，但之前因为知道张爱玲的个性，也很少请她参加，唯有《不了情》与《太太万岁》拍片的庆功会，张爱玲作为编剧不能不来。他们去了无锡，趁夜在太湖上吃船菜，张爱玲兴致很高，看起来已经完全走出了阴影。

《哀乐中年》是两人合作的第三部电影。关于这部影片，大家争论很多，有人说是张爱玲编剧，也有人说是桑弧编剧，张爱玲只是顾问。关于这一点，张爱玲后来也自己登报声明，确实没有参与创作。

随着合作的深入，张爱玲与桑弧的交往也越来越密切。两人经常在一起讨论剧本的修改，坊间一时传言妇创夫随，说两个人恋爱了。

桑弧比张爱玲年长几岁，相貌儒雅、踏实可靠不说，才华也是人人皆知的。张爱玲所爱的第一个男人胡兰成，是因为聪明灵透征服了她，但也跟年长的宽厚与隐藏的父爱对张爱玲缺失的安全感的吸引不无关系。这一次，桑弧也勾动了张爱玲的心。

但桑弧与胡兰成相比，却是太忠厚老实了，除了与爱玲谈剧本，他便没了其他话。他是真心倾慕张爱玲的才华，可他也真是只能放在心里，不会用语言表达的人。倒是龚之方再次出手相助，爱玲听了，却只是摇头，再摇头。

倘若《小团圆》里的燕山真如一众张迷所猜，就是桑弧其人的话，那么无疑，他们是爱过的，只是不为外人所知。

原因有几个：

一、爱玲经历过胡兰成的重伤，刚刚恢复过来，恐怕正是心有余悸，再者聪明如她，估计一时半会儿只能冷眼旁观感情而不敢真心完全投入。她爱桑弧，也能感觉到桑弧的心，只是桑弧太被动了。这种情况，张爱玲断然不敢轻易再迈步。

二、爱玲自己的个性是比较叛逆张扬的那种，但桑弧不管是家庭原因还是成长环境造就，始终是谨小慎微的。从这方面来讲两人始终有一定的差距，个性不算很和谐，为以后的生活着想，爱玲估计也要慎重选择。

三、桑弧父母早亡，由大哥带大，很听大哥的话。据说，大哥不同意他跟张爱玲的事情。在桑弧大哥传统的观念里，写文弄字的女人始终都是不安分的，加之也听说过张爱玲与胡兰成的事情，这个问题似乎就更严重了。

总之，桑弧与张爱玲始终保持着一种冷静的工作关系，哪怕理智下的情感炽热如火，不曾说出，不曾暧昧。甚至在彼此后来的文字里，也鲜见对方的踪迹。

直到1949年，张爱玲用笔名梁京在上海新创刊的《亦报》上连载《十八春》，桑弧出人意料地写了一篇评论：

“仿佛觉得他是在变了，我觉得他仍保持原有的明艳的色调，同时，在思想感情上，他也显出比从前沉着而安稳，这是他的可喜的进步……我虔诚地向读者推荐《十八春》，并且为梁京庆贺他的创作生活的再出发。”

真诚的赞美与推荐，这是桑弧唯一写给张爱玲的文字，他署名“叔红”。

到后来，闻张爱玲有了离开上海到香港的意思，惜才的老作家夏衍再度请龚之方劝她留下来。其间吴性哉也希图借此再次撮合桑弧与张爱玲，但是张爱玲还是摇头。这两件事，都不太可能了。

陆

浮沉别离

01 挨骂

1946年，对张爱玲来说，是滋味复杂、痛苦纠结的一年。这一年，她没有任何作品面世。

除了情感上的原因，还有政治上的尴尬与中伤。受胡兰成牵扯，她被人骂为文化汉奸。其实不光她自己，在那一场声讨汉奸的运动中，苏青和潘柳黛均没有幸免。

苏青曾做过伪市政府处的专员，领过津贴。因为这个职位是伪市长陈公博指派的，她还被人指责为陈公博的情妇。苏青为此哭了好几天，写了一篇《关于我》的自白书。潘柳黛亦写文为自己辩解，两人都承认自己的确不得已在特殊时期卖过文，但也的确没有献媚日本。而且与张爱玲相比，她们至少没有“汉奸妻”这条罪名。但不管如何辩解，三人在那个时候都受到了不少谩骂与侮辱。后来潘柳黛去了香港，避免了更大的浩劫，而苏青晚景凄凉，在贫病交加中离世。

张爱玲沉寂了一年，第二年凭借着电影《不了情》《太太万岁》的成功，与《华丽缘》《多少恨》的刊登，重新在文字里大口大口呼吸。并在1947年11月，凭借合适的机会，在龚之方的帮助下，将《传奇·增订本》推了出来。《传奇·增订本》在原来的内容上又增加了《鸿鸾喜》《留情》《红玫瑰与白玫瑰》《桂花蒸·阿小悲秋》等。依旧是炎樱重新设计的封面，请了著名金石书画家郑粪翁题写书名。张爱玲更是郑重地拿出自己的小图章，一枚枚地盖印在版权页上。

同月，上海曙光出版社出版了一本由马文森主编的《文化汉奸罪恶史》，列举了张爱玲在《杂志》《苦竹》《天地》等亲日刊物上发表文章，与参加一些亲日活动的行为。一直沉默的张爱玲也借此在《传奇·增订本》这本书的序言里，第一次为莫名被扣上的这顶"汉奸"帽子辩解。

"我自己从来没有想到需要辩白……我所写的文章从未涉及政治，也没有拿过任何津贴。想想看我惟一的嫌疑要么就是所谓'大东亚文学者大会'第三届曾经叫我参加，报上登出的名单有我；虽然我写了辞函去，报上仍旧没有把名字去掉。

"至于还有许多无稽的谩骂，甚而涉及我的私生活，可以辩驳之点本来非常多。而且即使有这种事实，也还牵涉不到我是否有汉奸嫌疑的问题；何况私人的事本来用不着向大众剖白。除了对自己家的家长之外仿佛我没有解释的义务……反正只要读者知道就是了。"

四百字的序言，张爱玲简略地把自己有必要解释的事件一一讲清楚，但是避开了与胡兰成的那一段情事。因为私生活用不着剖白，何况外界那些谩骂多是不实之言。即使属实，也牵扯不到喧哗大众给她扣上的那顶"汉奸文人”的帽子。

说出来的话，远没有那些藏着没讲出来的更有分量。张爱玲委屈，但不是对外界大众，而是对胡兰成。这本书出版的前几个月，张爱玲已经将分手信与钱寄给了胡兰成，也算彻底划清了界限，此番旧事重提，内心滋味只有自己知道。

一年甜蜜欢悦，两年纠结痛苦。胡兰成与张爱玲的感情落幕，但彼此曾经的相知与懂得却不可能一笔抹杀。而胡兰成带给张爱玲的影响，始终是她生命中灰扑扑的几笔。

胡兰成曾写过一篇文章《张爱玲与左派》。他说："有人说张爱玲的文章不革命，张爱玲文章本来也没有他们知道的那种革命。革命是要使无产阶级归于人的生活……所以，张爱玲的文章不是无产阶级的也罢。"

张爱玲自认为是个"政治白痴"，她的文章，就是用参差的手法写一个即将沉没的时代里的人与回忆，以此给周围的现实一个启示。爱玲以为，自己的文章多是写一些男男女女的事情，没有革命，只有素朴。她注重安稳，忽略飞扬，因为安稳是一切飞扬的底子。

一个人的作品，总要被人评断，若非大错，一般排不上人身攻击。胡兰成自然是懂张爱玲和她的文字，那篇文章本来是为她辩驳，但也许过于点明左派，反而把人推到了对面阵营。而在几年之后，谁也想不到，左派文人真的与张爱玲发生了激烈的交锋。

这要从电影《太太万岁》说起。这部影片于1947年12月14日在上海四大影院同时放映，整整两周，场场爆满，上海各大报纸竞相报道这个盛况。《太太万岁》成为当时最卖座的电影，最终夺得了票房冠军。

电影放映之前，张爱玲曾在著名编剧、戏剧评论家洪深主编的《大公报·戏剧与电影》上发表了一篇《〈太太万岁〉题记》，对电影做了一番清淡中藏着韵味的介绍。洪深也在编后记里说："好久没有读到像《〈太太万岁〉题记》那样的小品了。我等不及想看这个'注定要被遗忘的泪与笑'的Idyll如何搬上银幕。张女士也是《不了情》影剧的编者；她还写有厚厚的一册小说集，即名《传奇》！但是我在忧虑，她将成为我们这个时代最优秀的High Comedy（高级喜剧）作家中的一人。"

洪深的期待自然是一种对张爱玲及电影的鼓舞，但同时另外一种声音也响了起来，似乎要与之对抗。

《题记》发表之后，《时代日报·新生》刊登了一篇署名胡珂的文章《抒愤》："……寂寞的文坛上，我们突然听到歇斯底里的绝叫，原来有人在敌伪时期的行尸走肉上闻到High Comedy的芳香！跟这样神奇的嗅觉比起来，那爱吃臭野鸡的西洋食客，那爱闻臭小脚的东亚病夫，又算得什么呢？"文章连张爱玲同洪深一起责骂，把本来纯文艺的争论推向了政治边缘。

还有看了电影后的批评，说《太太万岁》宣扬的是被玩弄的愚昧麻木的小市民，并且鼓励人去嘲弄他们，这简直是在揭社会的疮疤供人取乐。也有从编剧技巧上提出的批评，说《太太万岁》这部电影毫无主题，只是一个东拼西凑的故事，没有任何艺术价值。

接二连三的攻击与谩骂，让张爱玲晕头转向，原定继续与文华影业公司合作筹拍的《金锁记》，也被无限期搁置下来。

面对时事，张爱玲再度沉默。这次，她放下了手中的笔。

02 奋起

1949年5月27日，上海解放，夏衍出任文管会主席，负责上海市的文化工作。解放前那些鱼龙混杂的小报馆大都已经关闭，战后物价飞涨、货币贬值的混乱又搞得人心惶惶，需要一批清新向上的小报媒体，而很多文人又因生活窘境而搁笔。于是夏衍就找到龚之方，要他与有“江南第一笔”之称的唐大郎出面，利用他们自身的能力与影响力，办一张高素质的、能力较强的小报。

夏衍同时也强调，新中国的小报不能再有解放前那些专为迎合读者猎奇心理刊登的或捕风捉影或凶杀志怪的低级趣味的内容，要往有益的、多样性趣味的方向发展。

龚之方与唐大郎欣然接受，筹备一个月之后，《亦报》便创刊了。龚之方与唐大郎分别担任社长和总编辑，同期还有一份同样在夏衍指示下由《世界晨报》改组的《大报》也一并出世，陈蝶衣、陈之华等著名作家也都加入了这份报纸。

刚从战火中走出的上海一下子有了两份小报，且内容清新健康、积极向上，对人心也起到了一定的稳定作用。许多以前从来不给小报写稿的作家，如丰子恺、周作人等，也开始渐渐关注小报，并在小报上发表自己的作品。

唐大郎与龚之方的《亦报》创刊，想找一个有分量的作家来打头阵，他们首先想到了张爱玲。张爱玲以前也读小报，但从不给小报写稿。就连她弟弟张子静与同学合办的小报请她来助阵，她亦拒绝了，只随便给了一张自己的画让张子静拿去做插图，以至于后来张子静只好自己写了一篇记述姐姐张爱玲的文章才作数。

但唐大郎与龚之方很有把握，因为他们与爱玲之间是有前缘的。唐大郎是上海报界名人，《大家》杂志之前就是他与龚之方合办的，张爱玲在抗战胜利后第一篇散文《华丽缘》就刊登在上面，还有由《不了情》改编的《多少恨》亦是由《大家》刊登。当时爱玲搁笔多时，许多小报不愿意刊登她的作品。而唐龚两人愿意发表张爱玲的作品，其实等于给了她相当大的支持，加上《传奇（增订本）》的出版获龚之方的大力协助，自然不会驳他的面子。

果然，当龚之方找到张爱玲约稿时，张爱玲一口便答应了，但她只有一个要求，就是写这篇文字要用笔名。爱玲有她自己的顾虑，对于时局，她一直在持观望的态度，而之前所受的那些指责与侮辱，她还心有余悸。

所以张爱玲在《亦报》上连载《十八春》的时候，用的是梁京这个笔名。

关于这个名字，也留给了后人诸多猜想：是说心凉心静的意思吗？还是信手拈来没有意义的两个字的组合？其实都不是。这“梁京”二字，不过是把张与玲两个字的声母韵母互换反切而已。爱玲当时这样做的意思已无从探究，但是能看出她终舍不得母亲从英文名里翻译过来的这个名字。

《十八春》算是张爱玲真正意义上的第一部长篇小说——全书共二十五万字，后来《亦报》又专门为它发行了一个单行本——讲的是一个当代的故事，少女顾曼桢有一个复杂的家庭，好几个兄弟姐妹，加上母亲与祖母，全靠姐姐顾曼璐做舞女养活。曼桢在一家印刷厂做事，与同事沈世钧相爱。姐姐年纪大了，嫁给了浪荡无依、投机倒把的祝鸿才。祝鸿才觊觎曼桢的青春貌美，以离婚相逼，要求不能生孩子的顾曼璐把妹妹许给自己。时值顾曼璐发现自己的初恋情人也对曼桢有意，妒火中烧的她丧了理智，与丈夫做了一个局，使沈世钧对曼桢产生误会，终将妹妹拉入黑不见底的深渊。曼桢被夫妇俩关了起来，囚禁中为祝鸿才生了一个儿子，后虽然逃出虎口，但因顾曼璐死了，曼桢为了孩子，只能又回来，违心地与祝鸿才结了婚。沈世钧也结了婚，可是他的妻子心目中的好丈夫却是他的好友。沈世钧心里一直惦记着顾曼桢，十八年后两人再相遇，过去的影子还牢牢地刻在心底，但是他们，终究再也回不去了。

《十八春》写的就是这么一些人物，他们各有各的可悲、可怜与可恨。这并不矛盾，张爱玲说过：“所有可恨的人，细细探究他的内心，终不过是个可怜人。”顾曼璐与祝鸿才的无耻与贪婪，如果仔细探究，也不过是在生活暗流的挟裹之下，方方面面的震动将他们推向那样的选择；顾曼桢与沈世钧的可悲可怜，也不无让人恨铁不成钢的恼恨，可在当时的种种环境变动之下，所有的选择似乎也都顺理成章……生活本身便是一个连环套，扣紧了人生，使他们无法逃离那个既定的轨道。

这又是一场令人唏嘘的悲剧，张爱玲再度用她文字的手术刀解剖人生，直透那悲伤无奈的真相。

《十八春》连载的过程中，因为情节太过凄婉感人，带动许多读者的心绪与之同歌同泣。有一位太太在看到曼桢被姐姐曼璐所害、以致被姐夫祝鸿才奸污时，气得把报纸一摔，破口大骂。骂梁京太残忍，怎么能把故事写得那么残酷丑恶，恨不得立刻去给梁京两个耳刮子！可是她心里又着实惦记曼桢以后的遭遇，想到这里，又忍不住哭了起来。

还有一位年轻的姑娘，曾利用从报社打听出的消息，寻到张爱玲的住处——那时张爱玲与姑姑已经搬到了南京路上的凡尔登公寓（今天的长江公寓），一见到张爱玲便哭了起来。爱玲与姑姑莫名其妙，问了半天方知，这个姑娘与曼桢的经历相似，一看到曼桢的故事，就像是在说自己，她就控制不住了，她要来看看《十八春》是什么样的作者写出来的。张爱玲弄明白后，才知道自己主观想象出来的一个故事竟然在生活中有原型，不禁高兴，同时也觉得有些恐惧。

还有些读者写信到《亦报》报社，要求枪毙顾曼璐与祝鸿才这一对狗男女，搞得报社编辑啼笑皆非。

《十八春》引发的趣闻逸事，让这部作品的成功有了更加鲜明的色彩。《十八春》连载完毕，紧接着，张爱玲的新作，中篇小说《小艾》也在《亦报》上刊出了。《小艾》继续沿袭《十八春》的悲情风格，但是第一次写了一个纯粹的无产阶级的故事。主人公是一个大家族里的婢女，被主人强暴，又遭流产并留下病根，最后嫁了一个排字工人。直到新中国成立，她才迎来新的生活。

因为家庭的关系，张爱玲所熟悉的，只有他们那个阶层的人群与故事。所以她的笔下，多是名门世家、公子哥大小姐、遗老遗少；是描金绣凤，是雪青软缎，是蝙蝠的暗花；是花团锦簇之后的暗影，是躲开月亮光耀背后的一滴清泪。

曾有人问她会不会写无产阶级的故事？大约是嗅到风头不对的一点提醒。可张爱玲只能老实地回答："不会，或许只有阿妈（用人）的事情我稍微知道一点。"

张爱玲的笔下只写自己熟悉的，婢女的生活她了解，出书时又与印刷厂工人打过不少交道，所以才有了《小艾》。从这篇故事里，似乎能嗅到一丝张爱玲文艺转型的气息。

尽管《十八春》与《小艾》让张爱玲逐渐回到了读者的视野，才华与情态也都还在，张爱玲也似乎正在渐渐走出阴影，可是，她还能继续几年前的盛放与璀璨吗？

03 离开

《十八春》连载不久，作者梁京就引起了夏衍的注意。他把龚之方找来问，得知梁京就是张爱玲后，夏衍很兴奋。张爱玲的才华不该因为其他原因被埋没，她是个值得重视的人才。

作为左联五老之一，夏衍无论才学还是人品都是受人推崇的，但是他却不像其他左派文人那样，对张爱玲及其作品抱有很深的成见。相反，他一直很欣赏张爱玲的文字。

1950年7月，上海第一届文艺代表大会即将开幕，作为大会主席的夏衍点名要求张爱玲参加。刚经过三番五次的政治风波的张爱玲，接到通知之时，可能内心也是震动的吧，思忖良久，张爱玲还是以梁京这个身份欣然参加了。

这是新中国成立之后的第一次文艺界的盛会，会议的宗旨是组织号召文艺界名人名家，为新中国新社会服务。大会由梅兰芳与冯雪峰任副主席，包括作家巴金、音乐家黎锦晖，张爱玲认识的柯灵与平襟亚等文学、美术、音乐、电影等各文艺界人士五百余人参加了这次盛会。

服装上，张爱玲想必也是一番斟酌过的。那个年代的人们，在着装上非常单调统一，不是蓝色，就是灰色中山装、列宁装。一向在装扮上有自己独特审美的张爱玲自然不愿意泯然众人，可同时她也清楚，在新中国刚刚成立的这样一届大会上，断然再不能以奇装异服出现。

张爱玲选择的是一件深灰色的旗袍，略紧身，外罩一件白色网眼披肩外套。尽管对爱玲来说，这已经是一件朴素得不能再朴素的衣服，可是在一片灰色、蓝色的海洋中，坐在后排的她仍然很显眼。

从7月24日到30日，会议总共开了六天。台上发言的艺术家慷慨陈词，表达了投入新中国文艺创作的决心。张爱玲坐在下面，认真听着那些来自各个地区的代表群情激昂的发言，体内与生俱来的冷静让她仔细观察着周围的一切。她在听，可她分明觉得这气场与自己有一层隔膜，白白的雾化的，像月亮周边的那圈光。

是不是要像与会发言的艺术家一样，彻底地融入这个变革巨大的时代，融入身边的生活？张爱玲不是没有考虑过。她已经收起了那些宽袍大袖的奇装异服，但是她无法接受清一色的人民装。她曾经告诉弟弟张子静，那些衣服太呆板，她是决计不穿的。实行配给制得到的一块湖色土布和雪青洋纱，她拿来别出心裁地做了一件喇叭袖唐装，一条裤子，时不时要穿着，在妥协与张扬中间，仿佛寻到旧日时光的一些影子。

排队登记户口，负责登记的大汉约是个老八路，操着浓重的西北口音，轮到张爱玲，他头也不抬地问：“识字不？”

“认识。”张爱玲咕哝道，心里还挺惊喜，看来自我改造有效，对方竟然把自己当成了一个普通的劳动妇女。

但是很快，这种喜悦被疲乏与困顿潦倒给磨蚀了。作为一名作家，张爱玲再也写不出绚烂的文字，也不能像以前那样有丰富的物质可以支撑恣意舒适的生活。物质与精神的双重折磨，让她感觉到这个轰然前行的时代，渐渐要把她抛得远远的。

文艺代表大会结束后，上海文艺工作者联合会组建成立，夏衍任会长，接着，他又出任了上海人民剧院的院长，兼任上海电影剧本创作所所长。一上任，他便又想到了张爱玲，希望她可以来创作所做编剧。夏衍找来张爱玲的老相识——在创作所任副所长的柯灵。约是觉得柯灵与张爱玲的交情更久更深，说服她的可能性更大些，但是这个消息刚在内部放出，便遭到一些人的反对，理由大致还是张爱玲的立场与身份问题。

龚之方来到张爱玲住处，婉转地问她下一步有何打算，是不是要出国？张爱玲笑而不答，没承认，但也没有否认。

张爱玲此时所处的是一个热情高涨的年代，在政治热潮的冲击下，人们把自我献给了崇高的民族事业，任何私人化的东西都不被接受，如一场窥探隐私的狂欢。对张爱玲这样极端私人化、个性化的人来说，这实在是一件不可想象的事情。

炎樱已经去了日本，张爱玲的弟弟张子静深谙姐姐的性情，他去问姐姐，这样大环境中，准备怎么做？张爱玲依旧不说话，望望墙壁，又望望弟弟。

“我觉得她似乎看向一个很遥远的地方，那地方是神秘而且秘密的，她只能以默然良久作为回答。”（张子静《我的姐姐张爱玲》）

的确，张爱玲在考虑出去的事情。她想去的地方是香港，因为香港还有她尚未读完的大学。那是背负着张爱玲的灵感与故事的一座城，一座让她经历了战争，在战争中看到人性的自私与冷酷的一座城。

1952年，张爱玲向港大提出的复学申请得到了批准。此时国内已经开始了运动风潮，张爱玲与姑姑约定，此番走后，不再通信。姑姑把珍藏的家族相册给了张爱玲，这无疑是一件有着先见之明的事情，也由此，我们才得以在《对照记》里，看到张爱玲家族里每个人的样貌与神态。

7月，张爱玲持港大的证明，经由广州到深圳。在罗湖口岸，粗木铺成的罗湖桥面，两端分别站着中英两国的军人。香港警察把排队过关的人的证件拿去查验，留给他们的是酷热中漫长的等待。罗湖这边的一个娃娃脸军人走了过来，对张爱玲他们说，站在日头底下太热，不如到一边阴凉处去等。可是谁也没动，唯恐走得稍微远点便会错过入境似的。张爱玲也没有动，但她感觉到了那善意的温暖。这是她在自己祖国土地上的最后一刻，那温暖，便是她在这块土地上最后的记忆里值得回味的瞬间。

爱玲终于又站在了东方之珠的土地上，这座隔了十年又重相见的城市，经过那场阻断学业的战火后，似乎更加绚烂繁荣。街上依旧拥挤着形形色色的面孔，灯红酒绿映照着匆忙的脚步，与刚刚离开的大陆似乎是截然不同的世界。

港大不但通过了爱玲的复学申请，还给了她一千元的资助金，可张爱玲所希望的是能继续拿到之前读书时的奖学金。可想而知，区区一千元在香港这座繁华绚烂的城市里，无疑是杯水车薪。时值炎樱从日本写信来，张爱玲便动了心思。当初来读港大，是因为太平洋战争导致她无法去读伦敦大学，只好退而求其次。尽管港大给她的影响也是深远卓著的，但她心里终究还有别的想法。此番回港复读，所遭遇的一切状况都不太满意，她想看看能不能通过日本然后到欧美这些地方去。走得越远越好，似乎成了张爱玲那个时节的盼望。

就这样，在港大读了两个月书的张爱玲便申请退学，去了日本。但那里的情况似乎也不乐观，三个月后，她黯然归来。之前为去日本退学的举动已经惹恼校方，所以回来后爱玲再向港大提出复学时，港大拒绝了。

失去了港大的护佑，张爱玲只好暂时居住在女青年会。那段时期，她唯一的目的就是找工作，在报纸上研究每一个招聘启事，怀抱着微渺的希望一一写信过去，希望却同样一一落空，其间又被人怀疑为特务，处境更加尴尬。

初回香港这段时期，简直有些凄风冷雨，与数年前初到港大的明媚火辣相比，有着天壤之别。

04 争议

好在天无绝人之路，张爱玲终于在美国设在香港的新闻处找到了一份临时的翻译工作。

20世纪50年代初，正是美国在朝鲜发动战争、我国援朝抗美的时期。除了那片布满硝烟的战场，美国方面还需要另外一个宣传阵地，那就是文学艺术。他们需要把一批美国的文学作品翻译成中文，张爱玲便成了一个最为合适的人选——既有深厚的文字功底，又有流利得如同母语一般的英文水平。

政治嗅觉本来就没有那么敏锐，加上当时困窘的生活状态，张爱玲接下了这份工作，但她的第一部翻译作品并不是英译汉，而是将一本中文小说《荻村传》翻译成英文。《荻村传》不得不提的原因，除了它是张爱玲的第一部翻译作品，还有它的内容。

这部书的作者是跟随国民党到台湾的陈纪滢，他在台湾任“立法委员”的百忙之余，写下了这本符合当局文艺政策的具有反共倾向的《荻村传》。书里以中国北方农村为背景，写荻村里一个叫傻长顺儿的无赖，在经历义和团、北洋军阀及日本侵华的这些时期里，如何借助乱世发迹，最终与乱世一起灭亡的悲惨而短暂的一生。

虽然作者称通篇没有一个字说共产党的坏话，但是陈纪滢作为台湾当局“反共复国”口号的拥趸，其行文目的也逃脱不掉当时战斗文学“稳定人心，欺骗民众”的特点。作为一种政治宣传工具，《荻村传》被美国宣传机构看上，才得以由张爱玲之手翻译出版。

这本书先后七次再版，张爱玲也为此得到一笔可观的报酬，为了谋生，加上政治上的愚钝，似乎情有可原。但这次翻译，引起了美国新任的新闻处处长麦加锡的注意。

麦加锡毕业于美国文学重镇爱荷华的爱荷华大学，著名的“爱荷华国际写作计划”就设在那里，创始人是诗人保罗·安格尔与他的华裔妻子聂华苓。而麦加锡就是安格尔的学生，他的志愿本是成为一名作家，但最终成了一名驻外的文化官员。

所以当麦加锡看到张爱玲翻译的《荻村传》，立刻肯定这是一位才华横溢的翻译者。在他的鼓励与帮助下，张爱玲又接连创作了两部小说《秧歌》和《赤地之恋》。这两部作品，至今争议都很大，普遍的评论都给定性为：在美国新闻署“授意”下的，具有一定“倾向色彩”的作品。但在张爱玲，遗作《小团圆》出版时，为她收藏遗作的宋淇夫妇之子却做出说明：《秧歌》这部作品，在张爱玲进新闻处之前，就已经动笔了。

在此之前，张爱玲的作品里多是涉及某一类人群或某一个阶层的悲欢，要么就是时代中小人物的剪影，很少落笔立意在当下的时局，并对之提出批判。但《秧歌》则开了先例，以一个在城里做女佣的女性视角，讲她回到乡里后遭遇饥年、人们在极度压抑与困苦下的生活与反抗。因其描述农民生活在饥饿的深渊，在国内一度被批判为夸张与歪曲事实而遭抵触。

也因着这两部作品描写涉及中国农村的生活与劳动场景，很多人由此判断出张爱玲应该是参加过下乡土改，而且就在参加文艺代表大会之后，随同文艺小组一起到苏北农村待了几个月。但是这种说法并不能得到确认。首先张爱玲的朋友柯灵在《遥寄张爱玲》中曾写道“生平未履农村”；而张爱玲的弟弟张子静也曾就此问过爱玲另一位相熟的朋友龚之方，他明确表示从未听她说过参加土改之事。可偏偏又有人说，在1968年，张爱玲接受台湾媒体采访时，提到自己创作《秧歌》前，曾在农村住过几个月，而且是在冬天。但经查阅的种种资料表明，在当时文艺代表下乡参加土改的多份名单里，都没有张爱玲的名字。

至于大家为什么会有张爱玲参加土改的印象，盖是因为《秧歌》里面描写的农村生活场景太过逼真吧。抛开其内容的倾向性不提，单说文字，依旧是从前的流利与明艳，普通的过年杀猪场景，也被张爱玲处理得有声有色：

“他们让那猪扑翻在桶边上。这时候它脸朝下，身上雪白滚壮的，剩下头顶心与脑后的一摊黑毛，看上去真有点像个人，很有一种恐怖的意味。剃完了头，谭老大与谭大娘把那个尸身扳了过来，去了毛的猪脸在人前出现，竟是笑嘻嘻

的，两只小眼弯弯的，眯成一丝，极度愉快似的。”（张爱玲《秧歌》）

及至后来张爱玲的遗作《异乡记》被挖掘出来，其中第六章写在乡下看到杀猪的情形，竟与《秧歌》中的如出一辙。而《异乡记》所记录的乃是当初张爱玲去浙江温州寻找胡兰成时的所见所闻，方知《秧歌》出自土改的真实经历只是猜测，乡下生活的真正蓝本是那段在温州的时光。

至于里面许多现实背景素材，则来自新闻处长麦加锡提供，而《赤地之恋》亦借鉴了他人作品里关于土改的描述。所以，即使张爱玲没有参加土改，但凭着别人提供的资料与素材，以她的才情与想象力，也不难写出与现实接近的东西来。即使有所疏漏，以张爱玲的文采也完全能够弥补。

麦加锡在看到张爱玲《秧歌》英文版的前两章后，大加赞叹。他确认张爱玲是个写作天才，是唯一一个可以与他心目中的另一位天才相提并论的人。他所指的另外那位天才，就是曾四次获普利策诗作奖的美国诗人罗伯特·佛罗斯特。

《秧歌》与《赤地之恋》先后在香港《世界周刊》连载，后来也都出了中英文的单行本。

尽管作品里有一定争议的政治色彩，但《秧歌》整体的艺术水平还是得到了认可。《秧歌》的英文版本在纽约出版，立刻受到了肯定与赞扬，外语版权卖出了二十三种之多。美国几大报刊《纽约时报》《星期六文学评论》《时代》周刊等也都纷纷关注并给予了好评。

“这本动人的书，作者的第一部英文创作，所显示出的熟练英文技巧，使我们生下来就用英文的人，也感到羡慕。”

在美国的胡适也给出了自己的评论，说《秧歌》“平静而接近自然”，是一部不可多得的佳作。得到这位自幼便景仰的大人物的赞誉，张爱玲既吃惊，又欣慰。

《秧歌》虽然收获不少赞誉，但爱玲却再也回不到当年上海滩的风光。

在香港的三年里，除了《荻村传》，张爱玲还翻译了海明威的《老人与海》和爱默森的《爱默森选集》，以及华盛顿·欧文的《无头骑士》和《睡谷故事》。

这些翻译工作为张爱玲赚到了生活的费用，但是她内心并不愉悦，除了海明威之外，其他作家和作品都是她不甚喜欢的。习惯性的自我令她在做翻译工作的时候，不断生起不适之念，如同她对当时的好友——宋淇的夫人邝文美抱怨的那样：“就像跟自己不喜欢的人说话。但为了生计，还要继续呀！”

05 挚友

张爱玲说，一个知己就像一面镜子，反映出我们天性中最优美的部分。说到知己，我们第一时间会想到炎樱，因为除了她，张爱玲并没有更多的朋友。可是这句话里所说的知己，却另有其人。

在港期间，张爱玲在美国新闻处工作之外的最珍贵收获，便是结识了宋淇夫妇，并与他们结成了一辈子的好友。宋淇是著名戏剧家宋春舫之子，本来与张爱玲只是普通的业务往来。直到某次文化活动，张爱玲认识了宋太太邝文美，一见如故。因缘聚会，后来两人在美新处合译《睡谷故事·李伯大梦》，慢慢成了好朋友。

邝文美是典型的贤妻良母，品德才学俱佳，行事大方得体，宋美龄就很欣赏她，曾想让她做自己的私人秘书，却被她婉拒。邝文美就是有这种娴静稳重的气质，具备不挟要人以自重的品性。

张爱玲是一个生活上清高、交际上寡淡的人，但对邝文美却很是喜欢，称她是女性典范：不但自己以能力谋得职位，还帮丈夫著书立学，更把家庭打理得井井有条。以至于张爱玲见到有才德的女人，都要暗暗跟邝文美比比，但每每都比不上。邝文美拒绝了宋美龄，张爱玲更是敬重她，写信给邝文美说：《宋想让你去做她的私人秘书，但没有成功，我却能常常和你在一起。我不情愿那样浪费时间，却愿意这样浪费时间。》

在张爱玲心中，邝文美就像一株兰花，温婉端庄，静静地散发着香气，令靠近的人陶醉，然不敢轻亵，只有敬重。

邝文美的确具备着中国传统女子的美德，宋淇身体不好，久病缠身，她尽心照顾，无怨无悔，与宋淇相扶相携一生，感情始终坚如磐石。

对于好友张爱玲，邝文美也十分尽心尽力。她的聪慧让她与张爱玲心意相通，她的平和柔静让张爱玲觉得踏实，在别处不能得到的安慰与舒展，邝文美这里都有。张爱玲甚至在烦躁的时候都会想起邝文美，想想她对待同一件事情的态度，竟然也慢慢平静下来。

《秧歌》与《赤地之恋》问世，由《传奇·增订本》内容另增加一篇序言组成的《张爱玲短篇小说集》由香港天风出版社出版。这次已经没有炎樱来设计封面，因此封面很素淡，除了“张爱玲短篇小说集”这几个字，只在右下角有一炉燃着的香——张爱玲的作品重新回到了读者面前。

随着在香港的时日渐多及作品的问世，渐渐有些人知道女作家张爱玲也来到了香港。慕名寻来的人也越来越多，爱清静的张爱玲不堪其扰，决定搬家。

张爱玲在香港举目无亲，找房子的事情落到了朋友宋淇与邝文美身上。他们在自己家附近为爱玲租下了一间房子。房子很小，也很简陋，几乎没有什么像样的家具，但爱玲已很满足，她的全部生活都给了文字，能写作，足够了。

这间陋室别无特色，只是附近有一家小照相馆，以后的日子里，张爱玲在这里留下过几许倩影。

刚搬家那一段时间，邝文美担心爱玲在新环境不适应，更怕她内心孤单，每天傍晚都过来陪她聊天。爱玲领情，也有分寸，到晚上八点前必催她回去，不愿意她为了自己牺牲与家人享天伦之乐的时间。为此，张爱玲还给了邝文美一个雅号，戏谑她为自己的“八点钟灰姑娘”。

如果说邝文美是张爱玲的闺密，那么宋淇扮演的则是一个兄长的角色。当时他在香港电影界做事，与许多影人熟识，拍过桑弧导演的《假凤虚凰》的著名影星李丽华与他交情匪浅。李丽华离开上海来到香港，自己开了一家电影公司，因之前在上海就看过张爱玲编剧的电影，对她十分仰慕，想通过宋淇与张爱玲见一面。

宋淇深知张爱玲不喜见人，可又不好拂李丽华的一番情意，再者他也有心推荐张爱玲去李丽华公司做编剧，于是就想方设法安排张爱玲与李丽华见面。

到了约定见面的时间，李丽华早早就到了。见张爱玲这位大才女，李丽华心情还是有些不一样的，必定也按照心目中张爱玲喜欢的样式修饰了一番，很是慎重。但张爱玲却姗姗来迟，而且只坐了一会儿，便很礼貌地告辞离开了。

宋淇知晓张爱玲的脾气，李丽华与她虽不熟，但也听闻过她的性格，所以大家都没有说什么。但张爱玲自有一双锐目，尽管与李丽华在一起没待多久，在转天宋淇问她印象时，却很快答道："越知道一个人的事，越对她有兴趣。现在李丽华渐渐变成立体了，好像一朵花，简直活色生香。以前只是图书中的美人儿，还没有这么有意思。"

这番赞美，传到了李丽华耳朵里，想必也是很受用的。

因为宋淇夫妇的包容，张爱玲十分信任他们，把他们二人真正当作生活中的挚友、学习上的良师。《秧歌》写作中，拿不准的地方爱玲会去向宋淇请教；后来修改小说《十八春》时，又反复与宋淇商量小说名。张爱玲想了好几个：《浮世绘》《相见欢》《惘然记》，还有一个她自认为很俗气的《半生缘》。宋淇考虑许久，觉得《半生缘》虽然相较于之前几个是俗气一些，但容易理解，更让人印象深刻，且作为电影名字，也比较吸引人。果然，《半生缘》面世至今，都是经典。

连胡兰成都说，张爱玲对于亲情很淡薄，自己的父母、弟弟，提起来就像是旁人一般，他不能接受。可是胡兰成没有想到，张爱玲与宋淇夫妇竟能有如此近的心理距离。三人相交四十三年，来往书信六百多封。在信中，张爱玲像个小妹妹一般，事无巨细地与宋淇和邝文美两位相谈，这种延续了大半生的友情，坚贞绵密，值得托付所有事情。

"每次想起在茫茫人海中，我们很可能错过认识的机会——太危险了。命运的安排多好！"（张爱玲、宋淇、邝文美《张爱玲私语录》）

数年后，在张爱玲所编之剧《情场如战场》上映之际，邝文美还以章丽为笔名，在杂志《国际电影》上撰文助推。

文章名就叫作《我所认识的张爱玲》，以一个忠实读者加好友的身份，为大家解读关于张爱玲“孤芳自赏”“行事隐秘”等误解，把误会的原因归结于张爱玲是个近视眼，所以常不能认人，因而显得清高；还有她有敏感症，对饮食很注意，所以轻易不愿意赴宴；加上她写作的缘故，生活习惯与常人不同，所以不怎么参加社交活动；而且“话不投机半句多”是人人都可能遇见的事情，张爱玲在知己好友面前，可是妙语连珠、高谈阔论的呢！

一片拳拳护友之心，真无愧于知己这个称号！但是，再好的朋友，也不可能一生一世在一起。

张爱玲曾经说过，她喜欢上海，如果要选择住的地方，她愿意永远留在上海。但世事难料，时代的变迁，世界的动荡，令她不得不远走他乡。二度来港，在香港待了三年，但全然没有了第一次在香港的欢悦，这里的一切都不对她内心的症候，作品起色也不大。而爱玲的家——上海，她也回不去了，因为她无法想象回去的自己像苏青一样，穿着不是蓝色就是灰色的人民装，每天去宣传小组上班。

她渴望到更远的地方去，在更辽阔的地方，有一大片天空，可以尽情舒展自我。

一个知己就像一面镜子，

反映出我们天性中最优美的部分。

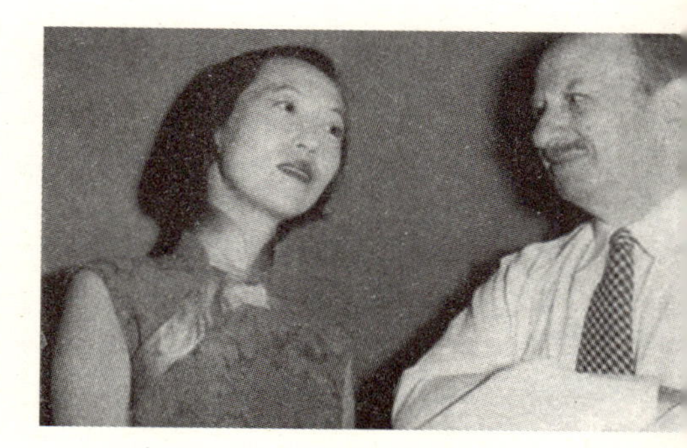

柒

他乡岁月

01 拜见胡适

《秧歌》单行本在美国出版是1954年，张爱玲寄了一本给在美国的胡适。

张爱玲与胡适，说起来似乎是很遥远的两个人。如果需要前辈指点，高人那么多，她为什么单单要寄书给胡适？

其实可能很多人都不知道，两个人的渊源，从张爱玲的爷爷张佩纶那里就开始了。胡适的父亲胡传，就曾托张佩纶写过一封举荐信。因着这封信，胡传成了驻守东北边境钦差吴大澂的幕僚——时年胡传本来已潦倒不堪，闯关东是破釜沉舟之举，最终得以从低谷崛起，对于张佩纶的托举，胡传一直铭记在心。

后来张佩纶被发配，胡传写信安慰，并送他银两家用，惺惺相惜，张佩纶也把这件事记在了日记里。

本来张胡两家的后人并不知道这些事情，直到胡适某次在书店里看到张佩纶的《涧于日记》提到写信赠银之事，方知道前辈们的交往，后写了一篇《张佩纶的涧于日记》发表，记录这些事情。

而胡适作为新文化运动的领袖，在张爱玲父母那一代人中影响是很深广的。张爱玲的父亲张廷重书房里有不少胡适的书：《胡适文存》《海外缤纷录》，还有他作序和考证过的《海上花列传》和《醒世姻缘传》考证……均被爱玲拿去阅读过。

父亲读胡适的书，母亲和姑姑跟胡适也不陌生，甚至同桌打过麻将。抗战胜利后，报纸上登了一张胡适的照片，笑容满面地不知从船上还是飞机上下来，大圆点的蝴蝶领结托着一张猫样的笑脸，惹得张茂渊发笑，拿着照片对张爱玲说："胡适之这样年轻！"

有了这些铺垫，胡适在张爱玲心里，既是一位文坛高人，也是一个可亲的前辈，她的书请胡适指点就是自然而然的事情。何况她也曾在周瘦鹃与柯灵那里，一改不与人交接的习惯，勇敢地捧出自己的作品，并收获了成功。这次，她希望能从远在美国的胡适那里，探一下去美国的路。

1954年10月下旬，张爱玲寄出《秧歌》和信。在信里，张爱玲提到自己很小就看过胡适的《海上花》与《醒世姻缘传》的考证，并从中获益。而自己的这本《秧歌》，希望胡先生能阅读它，并能稍微读出一点"平淡而接近自然"的味道。

"平淡而接近自然"这句评语，曾是鲁迅给《海上花列传》的评语，当年胡适给《海上花列传》写序时，曾三两次提到这句话。如今爱玲也提到，并无夸耀自己的意思，只是恳切期望自己的作品能够让胡先生也读出"平淡而接近自然"的味道，她就满足了。

因为张爱玲屡次搬家，胡适的信早已经辗转不见，好在她请好友把胡适的信抄过一份。在张爱玲所写散文《忆胡适之》中，我们可以看到回信的全文——胡适可以说给了张爱玲一个大大的鼓励，一个意外的惊喜。他在回信中说这本书是他近年看到的最好的中国文艺作品，不仅夸她写得成功，已经做到了“平静而接近自然”的细致功夫，而且还指出了她文中一些细节的巧妙与真实，最后还点出了累赘可删之处，足见其阅读的仔细与认真，如他自己所说那样，“看了两遍”。

信的末尾，胡适还提到自己想看看张爱玲的其他作品。张爱玲高兴之余，赶紧给胡适又寄了五本《秧歌》，还有《传奇》《流言》及英文版的《赤地之恋》。在感谢胡适之后，还讲到自己想将《海上花列传》与《醒世姻缘传》译成英文的心愿。

张爱玲在香港的三年中，始终心如浮萍。1953年美国颁布的难民法令，让张爱玲看到了希望。这个难民法令规定，“允许学有所长的外国人迁居美国，并可以逐步过渡为美国公民”。远东地区有两千个难民指标，主要是给在香港的内地人。张爱玲的条件符合，她向美国大使馆提交了申请，但是还需要一个入境担保人。她找到了美新处的麦加锡处长，麦加锡毫不犹豫地答应了下来。

1955年深秋的一个傍晚，张爱玲即将从香港启程前往美国。她乘坐的“克利夫兰总统号”客轮静静地停泊在港口，登船的旅客与送别的亲友执手相望，互诉离情。

来送张爱玲的，自然是宋淇夫妇。即将与挚友作别，身着黑色旗袍、奶白色流苏披肩的张爱玲强忍内心悲伤。她知道，此番离去，别的不仅是再难寻到的如此深厚的友情，还有自己的故国与家园。

客轮起航，宋淇夫妇在张爱玲蒙眬的泪眼中渐渐模糊成一个小点，看不到了。张爱玲跌跌撞撞回到船舱，竟是坐卧不安，只好执笔给他们写信，聊慰内心的荒凉。

和上次离开香港的感觉完全相反：那时内心充满着即将回到故土的欢悦，这次充斥的全部是离别的悲伤及对未来的迷茫。

这第一封信整整写了六页，自此之后，张爱玲与宋淇夫妇开始了更为频繁的通信。信笺里，张爱玲妙语絮然，情深意重，令宋淇夫妇恍然像还是在与之对谈，爱玲从未远离过他们。

“克利夫兰总统号”在旧金山码头靠岸，张爱玲要在这里审核入境文件，验审文件的是个日裔青年，约是因为自己个头矮小的缘故，看着瘦瘦高高的张爱玲，填写资料时不觉受了心理暗示，把她五尺六寸半的身高错写成了六尺六寸半。这个被张爱玲称作为“弗洛伊德式的错误”给了她一个女巨人般的身高，也是张爱玲不时都能回想起的趣事。

顺利入境，张爱玲要从旧金山转往纽约，炎樱在那里等她。

火车将张爱玲送到了纽约的炎樱面前，故友相见，欢悦与激动自不必说。炎樱又是那样活泼爱说笑的女子，她的爽朗很快就把爱玲旅途的劳顿与新环境的惶惑甩到了一旁，两人挽着手，像在上海一样漫步街头。时光从未隔断友谊，只是再相见时，曾经的青春少女，都已经人近中年了。

纽约，这个世界上最繁华的都市之一，对三十五岁的张爱玲来说，它的高楼大厦、姹紫嫣红都已经失去了吸引力。张爱玲是怀着重振辉煌的决心，想在这片自由的土地上续写往日的传奇。

初到纽约的张爱玲人生地不熟，先住在炎樱家。炎樱凭着自己的机敏与善言，已经成了一名房产经纪人，手里颇有几个钱，按理说留张爱玲住一段时间都没问题。可是张爱玲生性不愿意依仗别人，连当时与姑姑同住，银钱都要算得一清二楚，何况这是没有血缘关系的朋友。

知己无须多言，张爱玲的意思炎樱自然明白。她知挽留不住，只能利用工作之便，在朋友中积极打听，要为张爱玲寻一间住所。

寻到的这间房在一个女子职业宿舍楼里，是一家济贫性质的公共宿舍，就在哈得孙河岸，条件很简陋，居住在这里的人也是鱼龙混杂，因为租金低廉。张爱玲倒是不介意，以她目前的经济情况，只能暂居这里。

怀揣着宏大的梦想，陋室的不便，爱玲并没有放在心上——她本来也不是一个对物质有依赖的人，她只是与它们亲近，而不被驱使。

张爱玲来纽约的第一个愿望，是要亲自拜见胡适老先生。安顿下自己的住所，她与炎樱一起来到了胡适家里。

胡适住在纽约东城的八十一街，白色的小房子，水泥块般镶嵌在天地间，外面是西洋的风格，里面却是中国的心子——古色古香的陈设，儒雅飘然的主人，一种中西结合、时空交叠的感觉油然而生。

胡夫人江冬秀一副温良贤淑的样子，端丽的圆脸依稀可以看出年轻的模样，交叠的双手显出老实的羞涩。她带着安徽口音的话语让爱玲想起了自己的保姆何干，有种距离缩短的亲切感。张爱玲看着胡适夫妇，想起报章上评论说他们夫妇是旧式婚姻中难得的幸福典范，但从跟前看来，胡夫人将永远是适之先生的学生。

张爱玲在生人面前寡言，在胡适先生这里也是如此。他们说，她只微笑，默然点头。但炎樱就活泼多了，虽然也能用中文跟胡适夫妇交流，但显然离开中国久了，中国话已经不太流利。纵然如此，胡适夫妇还是很喜欢她。可在炎樱心里，胡适却没有林语堂更有名气。

后来，张爱玲又单独去看了胡适一次。在胡适的书房里，高到天花板的书架让人心悸。书架上放得最多的不是书，而是纷乱叠着的纸张，密密麻麻写满字，约是胡适先生做考据用的。那数量与高度，可见其呕心沥血的程度。

胡适在张爱玲送自己的《秧歌》上，也做了很多详细的批注，张爱玲看到，感动中亦有愧然。

张爱玲面对胡适，本来就总有小学生的恭敬，现在更觉得自己的才学不足以跟他对话，依旧多是听他说。而胡适也很懂得交流的技巧，尴尬的沉默也总能被他的话语巧妙地挽救回来。

胡适对张爱玲的拜访很高兴，后来也比较关照爱玲，经常打电话过去慰问，感恩节那天，还叫爱玲去他家吃饭。只是不巧，爱玲那天与炎樱一起和朋友们吃饭，因为高兴，在外面多逗留了些时间，吹了风，回来就呕吐了。张爱玲不好意思地谢绝了胡适夫妇的盛情，并认为这不过是偶然的小疾，但不想由此以后，一旦风寒感冒就呕吐的毛病竟伴随了一生。

让张爱玲没有想到而且感动的是，胡适先生会来宿舍看她。她又惊又喜，但以自己的情况，只能在楼下的会客厅招待胡适先生，想到此，又觉惶恐。

那间会客厅又深又大，黑乎乎的，像学校的礼堂一样空阔，只放着几张旧沙发。张爱玲与胡适坐着交谈，她对自己在如此简陋的环境里招待胡适感到有些发窘，胡适却说不要紧，这个地方还不错。

“还是我们中国人有涵养。”爱玲想，她比较的是那些一听到这个宿舍的名字便惊叫的美国人。

纽约的冬天很冷，胡适与张爱玲告别，张爱玲送他出门，两人站在楼下台阶上说话。隔着条街的哈得孙河把凉气顺着风吹了过来。胡适望着街角那边的水面，不知道在想什么，怔住了好一会儿。张爱玲从侧面看着胡适，像一尊半身铜像，不觉凛然，自以为偶像都有黏土脚。但胡适先生的确如人家所说的那样，是担得起名分和称誉的。

那一次，是他们最后一次见面。

02 相识赖雅

来美国一年了，希望中的写作高峰并未到来。《秧歌》销售情况一般，版税寥寥无几。不了解时代背景的外国人无法产生同感，而经过翻译的文字也无法保有那种天然动人的韵味，爱玲的才华没有办法得到施展。小时候希望能像林语堂一样风光，此时看来遥不可及。

而生计依旧是第一大难题，任何清高的人都不能免俗。为了二者的平衡，张爱玲向麦克道威尔文艺营写了一封申请：

亲爱的先生/夫人：

我是一个来自香港的作家，根据1953年颁发的难民法令，移民来此。我在去年10月来到这个国家，除了写作所得之外我别无其他收入来源。目前的经济压力逼使我向文艺营申请免费栖身，俾能让我完成已经动手在写的小说。我不揣冒昧，要求从3月13日到6月30日期间允许我居住在文艺营，希望在冬季结束的5月15日之后能继续逗留一个半月。

张爱玲敬启

麦克道威尔文艺营，是给所有有才华然而生活困窘的艺术家提供无偿帮助的地方，创建于1907年。创始人为马琳·麦克道威尔，她是著名作曲家爱德华·麦克道威尔的遗孀，有着一颗同情所有潦倒艺术家的善良之心，愿意为有前途的他们提供一份助力。

文艺营坐落在新罕布什尔州的一个山谷里，四百多亩的一个大庄园里错落分布着四十多栋房舍，包括艺术家们的宿舍、工作室和作为交流与管理用的综合大厅。这些房舍彼此都有着一定距离，环境清幽，景色宜人。通过申请，艺术家可以获得几个月的时间，在这个与世隔绝的山谷庄园里，不被打扰地尽情创作。

麦克道威尔文艺营条件优越，但也只提供给真正有才华、有需求的人，也因此，除了申请书，还需要有相当地位的人来作保。张爱玲找的保人是自己的出版代理人玛丽·乐德尔，还有司克利卜纳出版社主编哈利·布莱德以及著名的小说家马昆德——她太需要进入麦克道威尔文艺营了，为了解决后顾之忧，保证写作顺利进行，她不惜放下清高，一下找了三位担保人。

想想上海滩那个叫着出名要趁早，奇装异服招摇过市的张爱玲，时间不过才十年有余，已是天上地下两方光景。

麦克道威尔文艺营接受了张爱玲的申请，张爱玲得到通知，即刻启程。从纽约到新罕布什尔州的麦克道威尔文艺营，需要先坐火车到波士顿，再从波士顿到新罕布什尔州的彼得堡小镇，从那里再坐计程车，才能到达。

经过一路风尘仆仆的跋涉，天也黑了下来。夜路漫漫，张爱玲望着前方，不知道路途还有多远。刚下过雪的冬天异常清冷，张爱玲穿得还比较单薄，冷风中她抱起臂膊。

车子转弯，几盏明亮的灯光让她忽然精神一振，麦克道威尔文艺营到了。

站在门口，便听到了里面笑语盈盈，艺术家正热火朝天地交流着。白天的他们都忙碌在各自的工作室，只有下午四点以后才聚在一起，享受短暂的创作间歇的休息。张爱玲望着这一切，这不正是自己想要的创作环境吗？

在这里安顿下来后，张爱玲一直游荡的神经，似乎终于找到了暂时安歇之处。白天，她在自己的工作室里不知疲倦地写作；晚上，她也会来到大家的聚会中。只是，她总是最沉默的那一个。

艺术家的思维总是活跃的，喝酒聊天时，他们谈论政治、社会、文学、音乐，五花八门。张爱玲没有兴趣，此番在这里，爱玲集中精力要创作的是一本叫《Pink Tears（粉泪）》的长篇小说，来自《金锁记》的原本。这本书在上海引起的轰动她至今还记得，用它来打响自己在美国的知名度，张爱玲似乎很有把握。

《金锁记》在张爱玲的写作中，是一个里程碑式的作品。当初化名迅雨的傅雷先生批评她的《连环套》时，就是拿《金锁记》做对比的，他称《金锁记》为文坛最美的收获。

《金锁记》成功地刻画了曹七巧，一个由健康天真的姑娘沦为残虐变态的妇人的形象，在这个人物身上，物欲与情欲被禁锢，人性被扭曲。这可以说是张爱玲所有作品中最鲜明的一个人物，虽然她有点可怕，但是塑造得很成功，叫人过目不忘。这也是张爱玲在美国想要重整旗鼓之时，首先想到可以从《金锁记》取巧的缘故。

在麦克道威尔文艺营里，张爱玲将《金锁记》中的曹七巧的故事安放在一个叫银娣的女人身上，把七巧女儿长安及儿子长白的故事删去，着重表现了银娣悲剧的一生，以及她的诸多牺牲品。但是，由于人性刻画过于深入阴暗，这篇《Pink Tears（粉泪）》不断遭到退稿，有的退稿信甚至直言不讳地说："故事里所有的人物都令人厌恶……我倒是好奇，假如真有人出版，不知道批评家怎么说。"

文化的差异造成了这本《Pink Tears（粉泪）》的受挫，努力进入麦克道威尔文艺营，努力写作却不被认可。从踏上美国土地，不如意就在延续，唯一可以安慰内心的，或许就是麦克道威尔文艺营里邂逅的一段感情。

这次无意的邂逅，成就了张爱玲一生的第二次，也是最后一次婚姻。

那是进入麦克道威尔文艺营不久的一次晚间聚会，张爱玲依旧是一个人坐在一旁，看其他艺术家谈笑风生，一个身材高高的男人悄悄走到了她的身旁。

"我好像从来没有见过你……"这个银发的美国人举着酒杯，一脸微笑。他也许窥伺到了张爱玲内心的那道笆篱，希望能在这个寒冬里带给眼前这个寂寞的同伴一些关怀和温暖。

张爱玲也回了一个微笑，礼貌地回答："我刚从中国来。"

两人就这样攀谈起来，张爱玲知道了他叫普德南·赖雅，是个美国作家。1891年出生于费城，父母是来自德国的移民。

短暂的攀谈，来不及介绍更多情况，张爱玲只感觉面前这位老人风趣幽默，还很热情。她不知道的是赖雅也和她一样曾经是个天才，一生传奇而坎坷。

赖雅十七岁进入宾州大学文学专业，不到二十岁就有大量的作品发表，后来进入哈佛大学攻读硕士学位。1914年，凭着一部《青春欲舞》的剧本被著名的乔治·贝克教授推送到自己的戏剧研究组。毕业后，因着优异成绩及过硬的能力，又被伊丽莎白时代知名的学者威廉·尼尔逊教授推荐到麻省理工学院做英文教员。这是一份稳定的工作，但赖雅不喜欢一成不变。很快，他又迷上了棒球和摄影，又从大学老师变成了《波士顿邮报》的一名记者。

在第一次世界大战期间，赖雅作为战地记者赴前线报道战况。结束这段战火中的日子后，赖雅回到美国，在格林威治村居住了下来，成了一名自由撰稿人。在那里，他结识一众文人好友，其中就包括美国第一位诺贝尔文学奖获得者辛克莱·刘易斯，以及获得普利策诗歌奖的华莱士·史蒂文斯。

赖雅做过一段时间编剧，对于戏剧创作也有自己的见解和心得，与人合作多部电影剧本，《斯大林格勒的好男儿》就是出自赖雅之手。

在赖雅跌宕起伏的半生里，有过一次婚姻，这段婚姻维持八年，只留给了他一个女儿，而离婚原因是夫妇双方都忙于自己的工作，无暇顾及家庭。赖雅自己也承认，他不是个适合家庭生活的人。当初结婚时，父亲曾经给他一大笔钱让他装修新房，可是他拿着这钱去纽约最豪华的酒店挥霍一空。到父母过来时，只好典当其他东西以便租来家具撑场面。

信奉把握今天、及时行乐的赖雅离婚后更加了无牵挂，他大部分时间都在周游世界，囊中羞涩时，就写稿子换钱。赖雅生性豪爽热情，为朋友改稿子不遗余力，比对自己的作品还认真。所以尽管他的朋友刘易斯曾经预言他会有大红大紫的一天，但终因他自身过于忙碌，无暇真正投入创作而未能实现。

随着年龄的增长，赖雅的身体情况逐渐不如以前。1943年，不仅摔断了腿，还发生了轻微中风。疾病阻止了他继续漂泊的脚步，而这个时候，由于一生疏财仗义，自己竟没有多少积蓄，他只好求助于麦克道威尔文艺营。

在麦克道威尔文艺营结识张爱玲，赖雅一颗漂泊不定的心像忽然遇见了一座港口，他不由得想靠近这个神秘的东方女作家。对于已经六十五岁的他来说，这次邂逅，无疑是上帝赐予他的一件礼物。

张爱玲也对赖雅产生了好感，纵观她的半生，写尽爱情，却只遇见胡兰成这个让她不堪回首的男人。如今这个赖雅，一样有着惊人的才华，而他的热情温厚却是胡兰成所不及的。赖雅的性情与见识组成了他独特的魅力，这魅力像一把钥匙，渐渐打开了张爱玲封闭的心，让她与之走近——在这片不属于自己的土地上，她也一定是孤寂的，渴望有人交流的，而那种交流不一定是熟人，但一定要是知己。只有懂得，方能心安。

在这个寒冷的异国他乡，赖雅给了张爱玲真情的抚慰和切实的温暖。

巧合而有趣的是，张爱玲曾经一度是左翼文人的攻击对象，但赖雅却是个不折不扣的左翼作家。但这些，并不影响两人的交流，这也再一次佐证了，张爱玲对于政治的确有一种遇山则山、遇水则水的懵懂。

赖雅不仅具备风趣的谈吐、宽泛的知识，而且还有对文学作品的赏鉴能力。他对张爱玲的《秧歌》大加赞赏，也对正在创作中的《Pink tears（粉泪）》提出自己在框架结构上的建议。

许是知遇之感的降临，爱玲再度坠入情网，与第一次感情一样，这次发展得依旧很快。这也说明，不管怎样的女人，爱情在她们心里，总是不依不饶地占着头排的位置。

也有人说，张爱玲第二次感情不能称为爱情。她与赖雅在这个时候相遇，只是借命运之手，互相寻找一个可以依靠的肩膀，在孤苦的时候相伴相帮。但是以张爱玲前半生的清高，和她在与胡兰成的感情中那种痴迷与投入，她不可能在短短数年中对爱情的态度改变如此之大。尽管现实是冷漠残酷的，她也不会——她身体里流淌的血液决定了她一生的选择。

这一点，在张爱玲给台湾出版人朱西宁的信中可窥一斑。她说，赖雅是个文人，在文字方面有些人认为他还比较好。他虽然交游广阔，性情跟我不一样，但我们之间很接近，有些话不用说出来，便彼此都明白了。

以张爱玲对人素来不算宽容的点评，这样描写赖雅，已经是很高的评价。高处不胜寒的她，最看重的便是默契——一句话没说完，已经觉得多余了。

赖雅对于写作尽管有天赋，但却没有认真——他有着过度的聪明，聪明得把技巧当成了创作的全部——如果他有一种严肃的耐力，他一定会有所成就的，爱玲坚信。

两颗心已经靠近，生活上自然会互相扶持。爱玲再也不是聚会上那个形单影只的东方女作家，而是与赖雅携手散步的盈笑妙人了。在麦克道威尔文艺营的这个冬天，爱玲胖了一点，脸色也红润了一些，这一切除了因与赖雅在一起、饮食起居规律且丰盛有关外，还有来自爱玲内心的满足。

快乐的时光总是有限的。如爱玲在申请书上额外要求的，她得到了冬天结束——也就是说5月15日之后继续逗留一个半月的许可，但这个期限不是谁都可以延长。赖雅就必须在冬天结束后搬离，这是营地的规定，好在他已经申请到了另外一个叫耶多的文艺营居住权。

分开的时间到了，张爱玲送赖雅到火车站，两人依依不舍地告别。中年时分迸发的爱情，比起青年人来少了炫目，却多了炽热，因为彼此会考虑更多现实的问题，而这些问题，往往又增加了感情的浓度。

张爱玲把一沓钱放到了赖雅手里，她知道赖雅手头拮据，且大手大脚。自己虽然存款不多，好歹比他强一些，还可以把麦克道威尔文艺营暂作安身之地，而赖雅此番去耶多文艺营的辗转间，肯定需要钱。

赖雅三番推托不要，还是拗不过爱玲一片真情。在那个瞬间，他忽然有了要和这个女人相伴一生的念头——结婚吗？他被自己的想法吓了一跳。

火车开了，送行的那个瘦瘦高高的身影越来越远了，思念却被拉得越来越长。

赖雅在耶多文艺营的居住期限也只有六个星期，期满后，居无定所的他只好搬到萨拉托卡泉镇，在一家罗素旅馆里暂住。就在这个时候，他收到了张爱玲的一封来信，信中说自己怀孕了。

赖雅又惊又喜，惊的是他一点都没有准备，喜的是他对张爱玲的思念与日俱增，如今终于有了得偿的理由。但是在一起，对一个东方女人来说，就意味着稳定、意味着婚姻，他能给得了吗？此时他考虑的倒不是自己热爱自由的性情，而是身体与健康情况。

经过慎重考虑，赖雅提笔回了一封信给爱玲，这是一封求爱信——他已经下定决心了。

但张爱玲似乎比他更有行动力，还没收到信，她便动身来到了萨拉托卡泉镇。赖雅当面向她求婚，但同时他有一个要求，那就是——他不能要那个孩子，他的年龄和写作状态都不允许他留下这个孩子。

张爱玲年轻时就不喜欢孩子和小动物，但这个时候的她已经三十六岁了，假如不要这个孩子，以后再要孩子的困难可想而知。也许她犹豫过，但是再看看目前居无定所的现状与窘迫紧张的生活，一向冷静的她答应了赖雅的要求。

也等于答应了赖雅的求婚。

赖雅陪张爱玲走遍了萨拉托卡泉镇，他们一起设计未来。赖雅许诺要给张爱玲介绍美国最好的出版人，一定要把她的作品推介到像林语堂一样家喻户晓；他还要与张爱玲一起回中国看看，看看自己所爱的女人生长的那片土地。

几天以后，张爱玲离开了萨拉托卡泉镇。她在麦克道威尔文艺营的居住期限也已经到了，现在暂住在一个营友纽约的房子里。

走之前，张爱玲又给了赖雅一点钱，这让人想起她一贯对待金钱的态度，与姑姑锱铢必较，与胡兰成钱情分明，到赖雅这里，又是一种怎样的心情呢?

03 再结连理

1956年8月24日，张爱玲与普德南·赖雅在纽约市政府公证处注册结婚，证婚人依旧有炎樱，还有爱玲的出版代理人玛丽·乐德尔。这次婚礼与上次一样简单，但上次至少还有姑姑的公寓，这次却只能以营友的房子暂代新房。

依照赖雅的要求，张爱玲打掉了她一生唯一怀下的血脉。

结婚时，母亲从英国寄来贺礼，是一个装着二百八十美元的红包。赖雅看到了岳母对自己的慷慨及认可，在日记里写：她是个好人。

这些钱暂时让他们缓了一口气，但他人的居所自然不是久留之地，还好，此时他们再度申请到了麦克道威尔文艺营的居住许可。一个多月之后的秋天，两人双双回到了他们初次相遇并相恋的地方。

相依相伴的日子没过多久，一场突如其来的暴风雨朝新婚的两个人袭来——一天，赖雅在文艺营的大厅里中风倒下了。张爱玲惊慌失措，他们才刚刚结婚两个月啊，赖雅的猝然发病让张爱玲恐惧不已。但看着赖雅抱歉的眼神，爱玲让自己慢慢平静下来。她寸步不离地照顾他，直到他身体慢慢好转。

中风暂时得到了控制，但留下的后遗症使身体更加虚弱。尽管在麦克道威尔文艺营里食宿都可以得到保证，但没有分文的额外收入，原有的积蓄眼看就要坐吃山空。张爱玲的小说不断遭到退稿，而赖雅的身体令他的写作计划无限期地搁置。张爱玲为了尽心照顾他，也暂时放下了手里的笔，两人的生活一度落入困窘之地。

在暮年时能遇见这样一份感情，赖雅觉得很安慰。一颗浪荡的心也需要归宿，他把最后的归宿选在这个东方女人身边，没有错。但上帝的考验似乎还未结束，十二月中旬，赖雅再度发病，被送进了医院，直到圣诞节前夕才出院，与爱玲共度圣诞。

越是这般困苦，越是要挣扎着给自己希望。这个圣诞节，爱玲给赖雅做了几个拿手菜，赖雅也拖着虚弱的身体，点上烛光，打开香槟酒，给自己和爱玲都倒了一杯。

烛光中，赖雅与张爱玲彼此对望，百感交集。许久，两人碰杯，各自许愿。张爱玲许的是：唯愿新的一年里，赖雅身体健康。

麦克道威尔文艺营的营期又到了，在到期之前，两人都曾想办法申请延期，或找其他文艺营的接收，但均没有得到许可。就在两人为落脚之处焦虑不堪之时，一笔来自哥伦比亚广播公司的稿费解了燃眉之急——他们欲将张爱玲的《秧歌》改编成剧本——这笔一千四百四十美元的费用可不是个小数目，足够他们在彼得堡租一间小公寓了！

领到稿费，两人兴冲冲地在彼得堡松树街很快找到一个带家具的公寓，每月租金六十一美元，只需要再添置些零碎日用品即可安然舒适地住进去了。日用品是必需的，但除此之外，爱玲还需要装饰一下房子。她亲身上阵，把两间卧室的墙壁都粉刷了一遍，自己的那间刷成海天的碧蓝，赖雅的房间是云朵的雪白，加上在二手市场淘来的小桌、小床，还有面包炉，一个属于他们的爱的小窝渐渐成型，欢笑也越来越多地出现在两人的脸上。

对于生活，爱玲总有自己的艺术观点和调剂方式：在跳蚤市场用不到四美元淘到四件漂亮别致的绒衫浴袍，最妙的是还都像量身定制得一样合适，她欢喜得像得了宝贝一般。

美中不足的是因为房子破旧，公寓里总有蚂蚁爬来爬去，令人不快。有人介绍给张爱玲一种喷剂可以治蚁患，买回来一试，蚂蚁果然不见了，赖雅便送了爱玲一个绰号——杀蚁刺客，爱玲得意极了。

在这段时间里，他们还一起去了趟波士顿，看望赖雅住在那里的表兄。在波士顿最大的百货公司里，张爱玲欣喜地看着各色货品，点评它们设计的巧妙之处。赖雅心下凄然，哪个女人不喜欢购物的快乐，但他此时却不能够给她这种酣畅淋漓。

在甜蜜的家庭气氛中，赖雅的身体状况也逐渐稳定下来，彼得堡的这段时间大概是他们结婚以后最惬意的光景了。他们彼此照顾，互相倚靠。赖雅承担起一个男主人的责任，几乎包揽了所有家务，只为给爱玲一个不受打扰的创作环境；饭菜尽着爱玲的口味，晚餐的气氛也永远安排得浪漫温馨。爱玲写作的间歇，两人一起读书散步，或者到电影院看场电影，时间似乎悄悄停住了，只要两人在一起，便是静止的舒缓和美。

在张爱玲与胡兰成的婚书里，胡兰成写下了岁月静好，现世安稳，但爱玲非但没有从他那里得到安稳，还几度牵愁惹恨。不想十几年后的异国他乡，这个银发老人赖雅却给了她真正的静好与安稳。

张爱玲了解自己的天分和所长，她的创作从未停止。这段时间陆陆续续写了英文小说《雷峰塔》《易经》等，但发表与出版依旧不顺利。仅有的一丝安慰，那就是来自台湾《文学杂志》的约稿。张爱玲将自己近来创作的《五四遗事》翻译成中文发了过去，遂刊登在1957年元月的杂志上。

又过了些时日，一纸电报从英国来，告知张爱玲的母亲黄逸梵病重，即将做手术。张爱玲衡量再三，寄去一封信和一百美元，人却没有到母亲病床前。黄逸梵做了手术，但最终还是离开了人世，直到最后一刻，母女俩也没能见上一面。

母亲去世的消息传来，张爱玲自然是悲恸的。但是没去看病重的母亲，是她自己的选择，个中原因，也只有她自己知道。是因为生活困窘，无法成行？还是母女二人的隔阂在成人后逐步演变成一种生疏，使得张爱玲无法迈出那最后一步？我们无从得知。只知道，当年母亲黄逸梵放下年幼的子女外出游学，回来后与张廷重离婚，再度出国——她身上有着普通女人不具备的决断，而这份决断，连带幼时动荡不安的家园印象一并留给了张爱玲。

所以在张爱玲的笔下，所有的世事都透着苍凉。她说自己是自私的，因为她从小没有安全感，自私是她的自我保护。

母亲去世，给爱玲留下一笔遗产。不久后，一个大箱子运抵美国，里面是一些古董。爱玲愣愣地看着箱子，忽然扑倒在上面，哭了。看到箱子，就仿佛看到母亲黄逸梵独特的一生——当初黄逸梵就是带着几箱古董离开中国，靠变卖古董游历欧洲，一生漂泊，但过得独立而恣意。1936年，黄逸梵绕道马来西亚回国，在那里买了一箱子蛇皮，准备做成皮包皮鞋售卖。不料上海成孤岛，她只好放弃蛇皮又去了新加坡。后来在那里收集鳄鱼皮，继续经营手袋及皮包等皮质品生意，顺遂时与外国男友一起去港大看爱玲。新加坡沦陷后男友在炮火中丧生，黄逸梵逃难到印度，成了印尼前总统尼赫鲁两个交际花姐姐的秘书，还在马来西亚侨校教过一段时间的书，最后定居伦敦，直至去世。

黄逸梵的离世，令爱玲大病了一场——谁说她对亲情淡漠？她其实比谁都敏感，那份敏感附在文字中，深潜于血脉里，只有在最关心的地方，才猝不及防地探头现身。

表面再怎样淡漠的母女感情，底子里铺垫的都是那份浓浓的爱啊！

04 贫病交加

母亲留下的这箱子古董虽然不多，但解决张爱玲暂时的困顿还是没有问题的。只是这个时候，不断的挫败与各方面的压力让张爱玲开始对周围的环境产生不满。彼得堡只是个小城，虽然环境不错，但相对于纽约、华盛顿这些大城市来说，不过是个偏僻的乡野之地。她婉转地向赖雅提出自己的想法，希望得到他的支持。

作为一个风烛残年的老人，赖雅在彼得堡镇已经找到了他生活所需要的安宁与依靠，但是他知道张爱玲不同。爱玲还年轻，胸膛中跳动的是一颗渴望有所作为的心，对写作的热爱与环境的困顿产生的矛盾让她痛苦。这里虽然可比世外桃源，但真正的出版资源都在那些大城市，这些他很清楚。赖雅在内心已经深深依赖上了他年轻的中国妻子，他也愿意为这个女人做出最大的让步，或者牺牲。

赖雅同意了张爱玲离开彼得堡镇的计划，但以他们目前的状况，如想定居大城市，中间的过渡选择唯有文艺营。这次他们给亨特·哈特福基金会寄去了申请，他们的文艺营就在洛杉矶附近。张爱玲写信给胡适，请他做了保人。为了双重保险，张爱玲同时还向一个叫哥根哈姆基金会的组织申请了基金。

哥根哈姆的基金申请没有通过，但是亨特·哈特福基金会批准了他们的申请。他们被允许居住的时间是当年11月之后的冬天。张爱玲很高兴，因为这离她想要定居的旧金山又近了一步。

这个时候，在有着丰富剧本写作经验的赖雅的指导下，张爱玲已经开始写电影剧本给好友宋淇任职的电懋影业，这些剧本也给张爱玲换来一笔生活费。

《情场如战场》《人才两得》《桃花运》《小儿女》《南北一家亲》……片子多是些搞笑之作，也非张爱玲真心想拿出的作品，但是生计问题如一把刀子高悬头顶，纵使是张爱玲，也不得已低了头。

在等待去亨特·哈特福基金会的时间里，张爱玲忙的就是这些剧本。做自己不喜欢的事情，尽管得到了足够维持生活的报酬，精神却始终得不到舒展。一天夜晚，爱玲做了一个梦，梦见一个取得很大成就的中国作家。她泪流满面地醒来，因为想到了自己，那个叫着“出名要趁早”的上海滩风云女作家，如今只能靠写那些搞笑剧本度日，这是对才华与个性的多大消磨呀！

看到爱玲难过，赖雅也很痛心。在结婚后的两年中，不管是病痛中还是日常生活里，张爱玲都给了他无微不至的照顾。爱玲对他怀着一份对父亲般的仰慕，而他无论精神还是肉体，也都依赖着爱玲。习惯了满世界漂泊的赖雅，无法不珍视这份感情。

7月26日是赖雅六十七岁生日，就在这天，他做了一个决定，要把自己将来的遗产全部留给爱玲。生日第二天赖雅便立下了这个遗嘱，尽管他所有的物品中最值钱的只是跟朋友的通信手稿，但他所能给的只有这些。倾尽自己的所有，留给最爱的人，也是爱到极致的表达方式吧。

赖雅的生日过罢，又到了爱玲的生日，赖雅本来是计划好好帮她庆祝的，为此他还精心推算出了爱玲的农历生日——他知道，过农历生日是中国的风俗，但爱玲对于生活小节一向不是很细致，她的阳历生日只是在填身份表格时随手写上的——可是当天一大早，便有个政府方面的人来询问赖雅债务的问题，而且一直絮絮叨叨说个不停，赖雅又急又气，但也无可奈何。

好不容易打发走了那个人，赖雅赶紧拿出藏着的玫瑰花，双手捧到了爱玲面前。

“生日快乐亲爱的，愿我们的爱情永远像玫瑰花一样美丽。”赖雅深情款款。

张爱玲愣了，可能她根本就不记得生日的事情，反应过来后，她再度为赖雅这份细心与真情感动。爱玲怎会不知，这些细碎的温暖，反照的是一颗真正爱她、包容她的心呀！

外面是绵绵细雨，打在窗外的树叶上，簌簌作响。窗下的两人相对吃着午餐，默契与感动在两双眼睛间回转流动。

吃完饭，赖雅陪张爱玲出去散步，顺道寄了几封信。回来后，赖雅又准备了虽不算丰盛但充满爱意的晚餐，吃完晚餐，还有一场喜剧电影在等着他们。

赖雅给了张爱玲一生中最难忘、最快乐的一次生日——一整天都在庆祝，绵绵情意如同外面落不尽的雨。

贫穷虽然带来了生活的不便，但同时也增加了感情的浓度。相依为命的日子是一种强大的黏合剂，修复着被过往伤痛了的心，把两颗沧桑的心灵聚拢，融为一体。

那年初冬，赖雅与张爱玲如期到达亨特·哈特福基金会，这里的文艺营比以往条件都好，两人分到的居所是一个花园般的房子。四周紧挨洛杉矶繁华地区，比起在彼得堡小镇的环境，可谓是另一重天地。

张爱玲骨子里对物质的欣赏与爱悦在这里被大大激发，她喜欢大商场里那些精巧绝伦的商品与五彩缤纷的服饰——对于物质，她自有一种欣赏的态度。但赖雅就不一样了，他买不起那些昂贵的商品，由此更觉得商家对于他这样的穷人有种格外的歧视。所以，他更多的时间还是用于在大厅里与众营友聊天、喝酒、打扑克——他擅长这些，这也是他许多年来养成的习惯。

张爱玲对这种社交已然全无兴趣，被物质与繁华近距离敦促的她，大部分时间都闭门写作。宋淇夫妇不断为她承揽电懋公司的剧本，还意外地接到了将之前翻译的《荻村传》改编成中英文剧本的邀约，这让爱玲不胜忙碌。

长时间地坐在桌子前，肩膀与腰椎渐渐有了问题。赖雅担心她的身体，希望她能劳逸结合，常出门走走，但都被爱玲拒绝了。深居简出的她甚至连拜访的客人都不见，怎么可能抽出时间出门？

赖雅想了一个办法，他找来一头小山羊，告诉张爱玲，外面来了一位特殊朋友。张爱玲依旧没有兴趣，摆摆手示意赖雅走开。万般无奈的赖雅只好把小山羊牵到爱玲面前，她才惊喜地摸着小山羊的犄角，笑了。

在亨特·哈特福基金会里，张爱玲与赖雅的生活趋于稳定，大量的工作甚至还带给他们一点富足的幻想。两人买了一台电视，还养了一只猫。张爱玲把宋淇夫妇送她的衣料裁剪成衣，又找来母亲留下的美丽的长围巾，兴致勃勃地装扮一新，到摄影家雪尔维亚·史蒂文森那里，让他为自己拍了一些艺术照片。

这种日子依旧没有维持太久。次年4月，在亨特·哈特福基金会的营期就又要结束了。手里已经攒了一点钱的爱玲决定要去大城市建立属于他们的家。

爱玲选择的是旧金山，这座城市是美洲华人最密集的聚集地，也是美国最有特色的城市之一。它三面环水，环境优美，气候适宜，拥有许多世界著名的风景与古迹。

来到旧金山的第一件事情自然是寻找房子安定下来，经过多方对比，他们在布什街找到了一套合适的出租公寓，很快便把家搬了进去。赖雅又在不远处的街道上租下一间办公室，继续写他的《克里丝汀》。他还有其他一些写作计划，包括《刘易斯传记》，以及几个剧本。

在旧金山这座人潮汹涌的城市里，张爱玲再度寻到了她喜欢的市声，她和赖雅的生活变得规律起来。尽管还是在为生计而写，但总算彻底离开了窘迫与病困，而且那些剧本拍出的电影也大多取得了不错的票房。

分析其原因，也许是因为有赖雅这位对剧本创作有经验与心得的“老师”指点，张爱玲找到了一条保险的捷径，为电懋影业写的好几部电影均取材于美国好莱坞的优秀影片。比如《一曲难忘》的原型是《魂断蓝桥》，《婚规离恨天》则与《呼啸山庄》内容相近。著名影星林黛主演的《情场如战场》，大纲就是改编自麦克斯·舒尔曼的舞台剧《温柔的陷阱》，讲一个女性情场高手如何利用自身魅力俘获身边一个个男人，她的行为来自她对男人和感情的解读，而她的目的也同样可笑可怜。

《情场如战场》打破了当时国语片的票房纪录，还斩获金勋奖章。几年后另一部由王天林导演的《小儿女》也荣获了1963年金马奖的最佳剧情片奖项。此外，《人财两得》《桃花运》的票房也都不俗。

剧本让张爱玲在电影界暂时站住了脚，稿酬也换来了相对稳定的生活，但是她真正希望收获的结果却总是遥遥无期。《Pink tears（粉泪）》屡遭退稿，哥伦比亚广播公司制作的电视剧《秧歌》也没有引起多大的反响——不管是从制作班底还是从欣赏角度，毕竟隔着一条文化的界限，估计他们很难真正理解人物与他们身上故事的精髓吧！

05 相携共度

1959年8月16日，是张爱玲与赖雅结婚三周年纪念日，也是张爱玲为数不多的值得铭记的日子。这是结婚三年来最美好的一段时光，相比于彼得堡小镇的安宁，此时的他们还多了一份舒适。天性爱浪漫的赖雅自然又要与心爱的女人庆祝一番，他带着爱玲去了她最爱的点心店，又不畏路远跑去意大利区买奶酪和咖啡，这些都是为晚间的烛光晚餐准备的。

晚饭后，必不可少的节目当然是看电影。虽然他们因为烛光晚餐吃得太久而疏忽了电影开场时间——进去时，新片《桃色凶案》已经放映了一半——但丝毫不影响两人的愉悦。一场结束，又继续看了第二遍。

这一年，上天似乎重新开始青睐爱玲。11月，爱玲得到移民署的通知，这意味着她即将有机会成为一名美国公民。尽管已经嫁给了一名美国人，但她以前从未仔细考虑移民的事情，面对一大堆需要处理的事情（拍照、填表格、准备文件），张爱玲忙得团团转。

直到1960年7月，种种烦琐的入籍手续才彻底办完。张爱玲正式成为一名美籍华人，这也是赖雅送她的一份礼物。

两个月后，张爱玲四十岁生日。为了庆祝这个生日，她让赖雅带自己去看了场脱衣舞，赖雅很不理解张爱玲何以对这种俗不可耐的东西感兴趣，但他还是陪爱玲去了。坐在台下，赖雅百无聊赖，张爱玲却看得有滋有味，她不是出于好奇，而是在另一种场合里，对人性的研磨与窥伺。

四十不惑，可在文字里，张爱玲似乎老早就看透了世相人性，但张爱玲真的看透了吗？比如前阵子寄书给她的胡兰成。是的，胡兰成又出现在她的生活里了，比起上次的玉树临风一见钟情，这次可谓是挣扎着削尖脑袋，找着缝隙钻到了张爱玲身边。

事情还要从张爱玲没来美国时说起。胡兰成闻知爱玲到了香港，托他的好友，也是张爱玲认识的池田去香港时顺道看她，张爱玲没见。但后来因借书的缘故，托人送给了胡兰成一张没有抬头和落款的明信片：

手边如有《战难和亦不易》《文明的传统》等书（《山河岁月》除外），能否暂借数日做参考？

下面附有张爱玲在美国的地址。

胡兰成看到张爱玲的明信片，大喜。毕竟，不管他经历了多少情感，流连过多少女人，张爱玲始终是个异数，而且是高于他之上的。他赶紧写了一封信，申明自己手头没有那两本书，但是新书《今生今世》即将付印，到时候一定寄给张爱玲一本。信的最后还特意提到自己回信之前，将张爱玲的《赤地之恋》与他的《山河岁月》比对着看了一遍，随信还附了一张他的近照。

胡兰成爱比，更爱与张爱玲比，相恋时就常常锋芒毕露，但是使尽武器也还是比不上爱玲的一双素手。到了晚年，又拿彼此的作品比较，觉得虽还是张爱玲写得好，但自己也不差。且看他后来跟新闻记者说的话："……我而且能想象，爱玲见我的回信里说到把她的文章与我的比对着来看，她必定也有点慌，让她慌慌也好，因为她太厉害了。"

胡兰成想错了，爱玲看到信，便没再理他。后来《今生今世》出版，胡兰成又赶忙寄一本给她，并再度写信，将张爱玲吹捧一番，依旧没有得到张爱玲的只言片语。胡兰成丈二和尚——摸不着头脑。过了一段时间，爱玲来信。

兰成：

你的信和书都收到了，非常感谢。我不想写信，请你原谅。我因为实在无法找到你的旧作作参考，所以冒失地向你借，如果使你误会，我是真的觉得抱歉。《今生今世》下卷出版的时候，你若是不感到不快，请寄一本给我。我在这里预先道谢，不另写信了。

爱玲

十二月廿七

张爱玲就这样把胡兰成的撩拨给堵了回去，言语平静，不卑不亢。胡兰成自以为对女人的懂多于爱，此刻，估计也弄不懂爱玲了。

这段曾经让爱玲甘心低到尘埃的一段感情，就此算是真正尘埃落地，云化成泥。

到1961年，张爱玲已经在美国居住了五年，除了爱人，也有了自己的好友——爱丽斯·琵瑟尔。爱丽斯是个活泼热情的女人，小张爱玲几岁，从事绘画与艺术研究工作。张爱玲小时候也学过画画，还曾写过一篇讨论卡通画前途的文章，而她的作品里，常透着对色彩的惊人感受力——种种原因，让爱玲这个不爱与人相交的人，对爱丽斯产生了相知相惜的感觉。

工作之余，两人常相约着一起在公园里漫步，或者相伴去唐人街逛街。看着那些方块字招牌，张爱玲就会想起上海，遂向爱丽斯讲起东方那个遥远国度里发生的故事。爱丽斯半懂不懂，但是看到爱玲讲得津津有味，自己也很开心。

爱丽斯自然无法完全领略那神秘的东方风情，也不了解身边好友的“天才梦”以及“出名要趁早”的渴望。她更不会知道，身边这个瘦高的女人，曾经是红遍上海滩的女作家。

但张爱玲是真心把爱丽斯当成自己在异国的第一个好友的，不但带爱丽斯去唐人街品尝中国点心，还请她到自己家里，亲手给她做沙拉和中国菜。看到爱丽斯喜欢中餐，就把那些菜的菜谱夹在自己英文小说里送给了她——只可惜菜谱是中文的，爱丽斯看不懂，但她一直像宝贝一样珍藏着那些泛黄的纸张。

这一年还有一件事，就是十几年前在上海见过一面的夏志清给她寄来了一本他的书——英文版的《中国现代小说史》，里面提到：“中国现代小说家中，大概只有四个人凭着自己特有的性格和对道德问题的热情，创造出一个与众不同的世界。他们是张爱玲、张天翼、钱钟书、沈从文。”

这是张爱玲第一次看到有人郑重地把自己放到中国文坛如此高的位置，她心里许是略略一惊的。从寄信来的地址看，夏志清正在美国耶鲁大学读书。当时张爱玲并未回信，直到数年以后，她才开始与夏志清有联络。

爱情与友情都让爱玲心怀满足，事业虽没有再达到巅峰，但也有了一定的成就，生活的河流似乎开始呈现顺风顺水的状态。但这个时候，张爱玲发现自己身体出了问题。

先是出现了眼疾。开始以为是眼底溃疡，检查后又说是新配的眼镜不合适，换了眼镜，问题还没解决。应该是因为长久伏案书写，加之生活动荡，综合所生成的一种神经性眼部疾病，只能缓慢治疗。

还有以前那次饱餐之后吹冷风留下的呕吐症，此病说也奇怪，不定时发作，发作的症状就是不能吃东西，吃什么都会吐。这病虽然不是特别严重，但查了几次，都没有确切的诊断结果和治疗方法。加上赖雅的身体也不太好，常常会出现背痛、腿部麻木，爱玲还要经常给他做按摩，细心照顾他，所以自己的病就给耽误了下来。

也就是这个时候，炎樱忽然来了，她是从日本回来顺道来看爱玲的。衣食丰足的炎樱还是像个少女一般，活泼热情，妙语连珠。张爱玲看看她，又看看如今的自己，她有些萧然。

这是她们最后一次见面。也许是因为这次相见，促使张爱玲下决心再拼一次。她给邝文美写信，告知她自己想回香港住一段，因为手里正在编写剧本《红楼梦》，与同样痴迷红学的宋淇之间的沟通因处于两地而不便。再者她手里还有两部背景在东南亚的剧本，不去看看没法下笔，回香港住相对比较近便。

其实张爱玲心里还存着一件事，那就是她一直策划要写的小说《少帅》，是关于张学良的故事，她希望能够亲自去台湾收集相关资料。

《红楼梦》是张爱玲痴迷一生的著作，未能与曹雪芹同时代，是她的一大憾事。如今能有机会写《红楼梦》的剧本，也等于与曹公神交一场，总算得偿所愿。于公于私，张爱玲无论如何都要去努力一把。

可是当爱玲把自己的决定告诉赖雅之后，赖雅却一下慌了，他恳求张爱玲不要走。日益年迈的赖雅，越来越依赖张爱玲了，不仅身体上需要爱玲的照顾，心理上也一刻不能离开她。

面对赖雅的恳求，张爱玲只能耐心地给他做解释，足足说了一个晚上，赖雅才勉强同意：在张爱玲离开的这段时间里，让他暂时去女儿霏丝那里住一段，等爱玲工作完成回来，就马上把他接回家。

赖雅点头，爱玲舒了一口气，可当她从赖雅写给女儿的信里读出了一种年迈的无奈与恳求时，忍不住再度落下泪来。

英雄迟暮，情长气短。

捌

浮世悲欢

01 命运莫测

1961年秋，张爱玲告别赖雅，飞离美国。航班在台北停留，她生平第一次踏上了台湾的土地。

曾经的美新处处长麦加锡现在台湾，任美国驻台北领事馆专员，他们夫妇来接张爱玲。

一出机场，迎头是座大庙。正殿台阶前，有年迈的妇人蹒跚上行，要往庙里去烧香拜佛。张爱玲放眼看去，不觉一惊，那背影多像她中学同学的母亲啊！

台湾忽然变得亲近了，像是很久以前便熟识了一样。但爱玲从未来过，只是战乱中断港大学业那年，回上海的船从旁绕道，远远看到了台湾淡青的山与环绕的白雾，那情景，便美得在记忆里久久不散了。

午间，麦加锡安排了一场小小的欢迎会，就设在台北戏院对面的餐厅里。张爱玲还不知道，那时候台湾已经掀起了"张爱玲热"。

来参加欢迎会的，是来自台湾大学外文系的一帮张爱玲的书迷，这其中就有白先勇、王文兴、陈若曦。那时他们读大三，共同主编《现代文学》，反响颇大，并得到了麦加锡的极大支持，并由其译为英文小说集在《新声》出版。

这本书，张爱玲也读过，且注意到了这帮意气风发的作者。因此，这次欢迎会，到底是张爱玲期待与白先勇等人见面，还是白先勇等人期待看到传奇的张爱玲，所以恳请麦加锡先生牵线，就很难说清楚了。

那次的会见，虽然只是匆匆一面，但张爱玲给这帮学生留下了极其深刻的印象。陈若曦在后来的《张爱玲一瞥》里写道：

“……她浅浅一笑时，带着羞怯，好像一个小女孩。配着那身素净的旗袍，她显得非常年轻，像个民国二十年左右学堂里的女学生。浑身焕发着一种特殊的神采，一种遥远的又熟悉的韵味，大概就是三十年代所特有的吧。”

纤瘦净白、敏感率真是陈若曦对于张爱玲的印象。在她看来，张爱玲无疑是她见过最可爱的女人，丝毫不曾令作为读者的她失望。

面对张爱玲，学生们踊跃发问。张爱玲微笑倾听，偶尔作答，轻声细语，但咬字清楚。这是中年的张爱玲，专注、谦虚、谨慎。她看着这帮对文学有着强烈追求的年轻人，偶有恍惚，如同回望见年轻的自己。

席间，张爱玲与《鬼·北风·人》的作者王祯和聊了起来，张爱玲对这篇小说给予了很高的评价，也提出了一点意见。王祯和说到了自己家乡花莲的风土民情，并热情地邀请张爱玲去花莲走一趟。张爱玲愉快地答应了下来，约好第二天便同王祯和一块回去。

麦加锡夫妇对张爱玲还是有一定了解的，知道她认识一个地方的习惯便是亲自走一遍，既然第二日要去花莲，那么下午的时间一定是留给台北的。因为爱玲是第一次来，人生地不熟，于是麦太太便找来一位叫席德进的画家为爱玲做向导。

席德进是个沉默的人，他一言不发地带着爱玲在街上走，只算得一个活的地图或路标，而没有那些絮絮叨叨的讲解，这太对爱玲的脾性了。爱玲欣喜地看着街头一座座骑楼，这里和香港一样具有亚热带城市的特色。窄巷子晾晒的衣物已经干了，在半下午的阳光里微微晃动；窗户里是单人间，挂着浅粉色印花挂衣袋，是在美国看不到的……

他们又去看了说书场。进古庙随喜，看到一些自己不懂得的东西，无奈席德进过于沉默，让张爱玲有疑问也不好出口了。她疑心自己只是睡时梦游，在台北这座城市的午后里。

第二日，张爱玲便随王祯和回他花莲的老家继续观光。花莲是台湾人民心中的“净土”之一，除了壮观的景色，还有斑斓各异的原住民风情。爱玲刚到花莲乡下，便遇见了一场打架事件，不由得感慨此地民风强悍。从大都市台北看过来，果如“台湾卷起了裤腿，露出下面古老的地层”。

在王祯和花莲的家里，张爱玲住了一周，看了精雕细刻的老房子，树与花相映照的田野与海滨，还赶上了台湾阿美族的丰年祭，又喜喜欢欢地与王祯和的家人合影留念，许久不曾有的轻松愉悦让张爱玲一下子变得年轻了许多。

花莲的古朴美丽和悠远纯净一一落在爱玲的眼睛里，她诧异这里风景如此秀美，美人竟然如此多，柚子是如此酸甜多汁。这里的一切，都叫爱玲产生亦幻亦真的感觉，简直不想离开。

本来爱玲还计划从花莲再去台东、屏东，去看看著名的矮人祭，再经高雄回台北，但是不想刚到台东，一通长途电话打来，扰乱了她所有的安排。

电话是打到麦加锡家，由麦加锡又辗转托人传到了爱玲这里——电话里说，赖雅再度中风送进了医院。

闻听这个消息，张爱玲如五雷轰顶。赖雅年事已高，一次次的中风，如同疾风劲雨在摧毁一棵衰枯的大树。这次，他能承受得了吗？

张爱玲连夜急匆匆赶回台北，弄清楚了赖雅的发病情况。赖雅是在她走后一周，去华盛顿的女儿家的路途中忽然发病的。现在，女儿霏丝已经把他接到家附近的医院住下了。目前的情况怎么样，不得而知，因为霏丝没有再打电话过来，而张爱玲也无法联络上她。

该怎么办呢？是马上赶回美国吗？可是此行的计划才刚刚开始，何况爱玲此时身上的钱还不够买一张回程的机票——本来她回来的原因之一便是完成剧本，拿到剩下的稿费，这是他们生活的保障啊——而且现在回去，对赖雅的病情也不会有实质性的帮助，好在有女儿霏丝照顾赖雅，也算放心。

想到此，张爱玲狠了狠心，她不能白白回来，索性完成回港计划再回美国。她决定立刻直接飞到香港，赶紧把《红楼梦》剩下的剧本完成。

在香港，依然是宋淇夫妇热情迎接，他们再度为爱玲租了一间小屋写作。一面惦记着丈夫赖雅的安危，一面要抓紧时间完成手里的工作，张爱玲的压力从来没有这样大。她几乎是从上午十点一直工作到午夜，她再也没有时间去那间曾与炎樱经常光顾的咖啡店，去买自己喜欢的“奶油司空”。她唯一的念想就是能赶快写完剧本，拿到属于自己的酬劳。

在这种严苛的工作条件下，张爱玲的眼疾犯了，眼底充血，只好去医生那里打针。医生要求她休息，但是哪能休息得了呢？偏偏祸不单行，久坐令她双腿双脚的血液循环不畅而浮肿了起来，原先的鞋子变得窄小，可是爱玲不舍得买一双宽大舒适的鞋子，宁愿忍着。

克服了种种艰难的困难，又几经审阅修改，《红楼梦》剧本终于完稿。但这个时候，却传来了一个不幸的消息：电懋影业最大的竞争对手邵氏影业抢先拍了《红楼梦》。本来电懋与邵氏就是老对手，邵氏也不是只这一次抢拍电懋计划拍摄的影片了，但显然这次的抢拍，受到伤害最大的，便是张爱玲。

几个月的辛苦换来一场空，张爱玲的绝望可想而知。此时，赖雅的身体已经较为好转，他们一直通信交换彼此的情况，张爱玲在宋淇夫妇面前不愿意表露的伤痛，在给赖雅的信里全部倾泻了出来。

“辛苦的从早上十点写到凌晨一点，手脚都肿了”，焦躁失眠，独自苦撑，“工作了几个月，像只狗一样，却没有拿到一分酬劳”……

可以想见，在大洋彼岸看信的赖雅是怎样一份凄楚的心情，他一定恨不得马上能够出现在张爱玲身旁，为心爱的她分忧解难。可是，年迈体恙，生活困窘，这些，都让他不得不向现实低头。他只能一遍又一遍地写信催爱玲回来，说他已经在女儿家附近找到了一间合适的小公寓，他要好好照料爱玲与他们以后的生活。

可是，现实却叫张爱玲不能回去。

倾注一腔心血的《红楼梦》最终流产，她没有拿到剩下的报酬；身上带的钱一分一厘都要计算，必须换的新眼镜都不舍得买；在房间里写作，舒适点的家居服就更别想了。她甚至一心盘算着，回去时能不能绕道回彼得堡，把那个母亲留给自己的大箱子拿去变卖——但又唯恐去彼得堡绕路的花销，比那只箱子卖的钱还要贵。一分钱难死英雄汉。爱玲曾说自己与姑姑同住时锱铢必较，当时，她是笑的，那只是一种并不切实的戏谑。而如今再对照起这四个字，恐怕就只有深深的叹息与无奈了。

香港之行，本来以为可以找到转机，却不料成了一场噩梦。为了《红楼梦》剧本，费尽心血却颗粒无收，甚至还差点与好友宋淇夫妇闹出不愉快，这都是张爱玲来之前万万没想到的。

好在这段时间内，宋淇又为张爱玲揽到了《小儿女》和《南北一家亲》的剧本，尽管在写这些剧本时，又是没日没夜的鏖战，张爱玲还向邝文美抱怨说："楼下公鸡啼，我便睡。像陈白露，像鬼——鬼还舒服，白天不用做事。"所幸这两个剧本还是为她挣到了一小笔钱，这些钱不仅解决了她回美国的路费，还足够她和赖雅几个月的生活开销。

02 生离死别

1962年3月，张爱玲踏上了回美国的班机。

亟盼等待的赖雅激动地计算着张爱玲到达的时间，竟然提前了一天到机场去接，自然扑了个空；待第二日接到爱玲，便像受了委屈的孩子般，思念与喜悦的眼泪不住地往下流淌。

现在他们暂时居住在华盛顿了，新家距离女儿霏丝家不太远，霏丝也常常请他们吃饭。可是也许年少时继母在记忆里留下的阴影，张爱玲始终无法做好一个继母的角色，也没有办法跟霏丝真正亲热起来。

而这还不至于让张爱玲感觉太为难，她真正为难的是，赖雅的身体越来越坏了，她必须放下所有的工作照顾他。即使这样，也未能阻止赖雅最终完全失去了自理能力，只能躺在床上，忧伤而沉默地看着张爱玲为自己忙碌。现实的困窘再度击倒了两人。

之前的稿子换来的一点积蓄很快就花光了，张爱玲不得不抽出时间写小稿子换钱，以维持两个人的生活。新接的剧本《魂归离恨天》依然来自电懋影业，但此时的张爱玲却再也无法像写《小儿女》等剧本一样集中精力。相比而言，《魂归离恨天》相当简陋，只写了二十六场戏。

生活之舟艰难行进，浊浪却再度被狂风卷起。1964年6月20日，电懋影业的老板及数十名行政人员在赴台湾参加影展时，不幸遭遇空难，全部丧生。电懋遭此大劫，元气大伤，自此结束了在电影业的黄金时代。不但《魂归离恨天》胎死腹中，连带版权卖给电懋影业的《一炉香》也烟消云散，没了未来。

张爱玲与赖雅的全部收入只剩下了极少的版税，与几十美元的社会福利金。张爱玲手里正在写的《少帅》，因去台湾并未能收集到所要的资料而迟滞着。为节省房租，无奈的张爱玲只能再度搬家，搬到了政府廉价公寓。

一方面想办法节省开支，另一方面也要寻找机会写稿挣钱。天性孤高的爱玲朋友不多，但却都是情长意久的好友——这个时候，从台北调回《美国之音》任职的，曾经的上司、好友麦加锡再度出手相助，为张爱玲揽到了改编广播剧本的工作。第一个剧本便是她曾经翻译过的《荻村传》，后来还陆续改编了莫泊桑、亨利、前苏联作家索尔尼仁琴等人的小说。

在一边照顾赖雅、一边改编剧本挣钱的手忙脚乱中，张爱玲没有时间和精力创作自己的作品。后来，那部寄予了张爱玲极大希望的《少帅》的手稿竟然遗失了，这让爱玲感到无比痛心。

1965年圣诞，赖雅只能躺在床上与张爱玲一起过节了。

尽管霏丝带着几个儿女来看望赖雅，清冷的小屋漾起久违的欢乐气氛，但是依旧挡不住病重的赖雅那脸上深深的忧伤。

张爱玲的心也被笼罩在了这凄苦的气氛中，她意识到自己不能只待在家里靠写作度日，于是新年过后，她便申请去俄亥俄州的迈阿密大学做驻校作家。申请很顺利便通过了，对方看来对张爱玲也有一定的了解，在《迈阿密校友报》上称张爱玲是最优秀的当代在世作家之一。

来到迈阿密大学之后，张爱玲把赖雅接到了身旁。与此同时，在遥远的香港，张爱玲的《怨女》开始在《星岛晚报》连载——兜兜转转，还是中国人最懂得这种故事的滋味与内蕴。

在迈阿密大学做了几个月的驻校作家之后，张爱玲发现自己的写作并无突破，于是又托夏志清推荐去哈佛大学雷德克里夫女子学院——这时，他们已经开始了通信往来。

1967年9月，张爱玲带着赖雅来到了哈佛大学，并在这里接受了洛克菲勒基金会的资助，开始翻译她早年就欣赏推崇的晚清小说《海上花列传》。

也就在这一年，《怨女》的英文版《The rouge of the North（北地胭脂）》，经过辗转周折，终得在伦敦出版。

可也就是在张爱玲刚刚看到曙光之际，她后半生中最重要的那个人——赖雅，去世了。尽管张爱玲无数次在他的病榻前祈祷，期待奇迹降临，让赖雅能和她一起走得长远些，再长远些。奈何生老病死是谁也逃不掉的自然规律，最终，赖雅还是在她的怀抱里去了。

与赖雅相伴十年，虽然困苦，却是甜蜜而温馨的。爱玲仰慕赖雅的博学洒脱，赖雅珍视爱玲的才气性情，两人相携相帮，走过了最艰难的一段路程。只是执子之手，却未能与子偕老。

张爱玲把赖雅的骨灰交给了他的女儿霏丝，由她处理赖雅的后事。

时间仿佛又回到了原点，如同刚踏上美国的土地时一样，失去了在这里唯一的亲人的张爱玲，重新回到了孑然一身的状态。

斯人已逝，路还要继续走下去。不知道前方命运之门的背后，是一段什么样的旅程呢？

1969年，伯克莱的加州大学伯克莱分校中国研究中心的主任陈世骧教授从夏志清那里听闻到张爱玲的才华，邀请她到研究中心担任高级研究员的职务。张爱玲接受了这个邀请，再度搬家到了伯克莱。

在中国研究中心工作的时间并不愉快，因为爱玲的工作是研究共产党专用词汇，对政治不敏感的爱玲来说，提交那些词汇无疑是一件令她头疼的事情。她的工作方法也不为陈世骧接受，陈世骧认为她的文章没有遵循一般学术论文的写法，而是简短的片段形式。他坚持说张爱玲的研究文章写得让人看不懂，爱玲也不恼，只笑着回说："加上提纲、结论，一句话说八遍还不懂，我简直不能相信。"

这话惹恼了陈世骧，一个不得力的下属，还如此顶撞自己，他不能接受，便起了辞退张爱玲的心思。而张爱玲又因水土不服，经常感冒头疼，也对这里实在产生不了感情，一年期满，便一拍两散。

03 再上巅峰

在美国这段凄风冷雨的时间里，张爱玲并不知道，随着《怨女》的连载，香港与台湾悄然掀起的“张爱玲热”愈演愈烈。经由好友宋淇的牵线搭桥，台湾皇冠出版社先后将她的《张爱玲小说集》《怨女》《半生缘》《秧歌》《流言》出版上市，将这股热浪推至高峰。

更让张爱玲想不到的是，皇冠出版社老板平鑫涛，正是当年与他因稿费闹得不愉快的平襟亚先生的侄子。这缘分，倒也真算得上深长。

这只是与皇冠合作的开端。接着，皇冠出版社又为张爱玲的《红楼梦未完》出版发行了单行本，散文小说集《张看》——收入《连环套》《创世纪》两部小说，以及《姑姑语录》《论写作》《我的天才梦》《忆胡适之》《谈看书》等散文作品。

后来，《红楼梦魇》、国语本译注《海上花》（《海上花列传》原是吴语对白）也都经由台北皇冠出版社出版面世。尤其《红楼梦魇》的出版，对于张爱玲有重大意义。这部对迷恋了一生的巨著《红楼梦》的考据终得与读者分享，张爱玲自觉了却一大心事。

张爱玲再度成为万众瞩目的中心。

旧作的出版，为离开伯克莱研究中心后失去了工作的张爱玲提供了生活费用，并且让她有能力搬离了气候不适应的伯克莱，定居洛杉矶。名气的扩散同时也带来了一大批仰慕她而求见的人，但一律遭到了张爱玲婉拒。

只有两个人例外，一个是曾经陪同张爱玲游览花莲的王祯和，一个是青年作家水晶。

王祯和自从和张爱玲分别后，也曾经通信往来，后有两次机会到美国来。第一次与张爱玲约好见面，不料却没能找到张爱玲所指的约会地点，令她苦等一日，第二天头痛不已。第二次再到美国，又约张爱玲，张爱玲却未能答应，只说："你应该了解我的意思。"

美好的东西还是留在记忆里不会变质。

王祯和1990年去世，在他有生之年里再也没有见过张爱玲。但曾经与张爱玲游玩时所见的她的风采，却永远深刻而美好，令他数度回想，叹息不已。

水晶原名杨沂，与王祯和是台大同学，也是一个地地道道的张迷，他自认为对张爱玲作品的熟悉程度，无人能比。

张爱玲在加州大学伯克莱分校做研究员时，水晶恰也在那所学校进修。他自然不会放过这次见到偶像的机会，但是几次求见，都被张爱玲以身体不舒服等各种理由推托了。

直到张爱玲即将离开伯克莱，收到了水晶的论文《试论张爱玲〈倾城之恋〉的神话结构》，许是她从中看到水晶文笔中的不俗与对自己作品理解的独到，才回信请他来寓所见面。

6月的一个周末，水晶带着忐忑与好奇走进了张爱玲的家。在心里，水晶为张爱玲的画像是病恹恹、懒兮兮的，哪知一见面，他便惊住了。面前的张爱玲虽然很瘦，但是那瘦弱的身体透出的气质却是健康坚韧的。像一只羽翼纱薄的蝉，有着顽强的身躯与高亢的声音，一下便飞到柳荫深处。

当时张爱玲已经开始了闭门谢客、离群索居的生活，与她通信的夏志清等好友也很难见到她的面。水晶意外得见，捧着自己的印象，回去后便写了一篇《蝉——夜访张爱玲》，为世人掀开了张爱玲一角神秘的面纱。

叫水晶惊诧的不仅是张爱玲的外在，还有她的居所，用水晶的形容是“雪洞一般”。这是《红楼梦》里曾形容薛宝钗蘅芜苑的词，用来体现房间内装饰的朴素与简洁，爱玲的居所亦是如此。迎面一排落地玻璃窗，轻覆着一层白纱幔，四周墙上无一件装饰品，屋子里也没有书桌，张爱玲日常写作是趴在床上的一个小桌子上进行的。

若非亲眼所见，水晶定不能相信，出身于贵族世家，于繁华中具有独特物质意识的张爱玲，晚年竟然居住在这样一个极简的房间里！她果然是放下了一切的红尘俗物吗？

轻易不见人，经常话不投机半句多的张爱玲，那夜与水晶对坐相谈，竟然谈了七个小时。

水晶端坐在身穿青莲色高领旗袍的张爱玲对面，张爱玲一双清炯的眼睛，透露出她极好的精神状态。他们之间相谈的内容并不限于张爱玲的小说，倒是提起了彼此都看过的朱瘦菊的《歇浦潮》，其间所描述民初十里洋场的众生相，入木三分。说起其意趣，两人都有同感。

提到《歇浦潮》，自然引到了张爱玲正在研究的同类型小说《海上花》。她拿《海上花》与《红楼梦》做比，说《红楼梦》有头无尾，而《海上花》则中间烂掉了一块。说着，张爱玲还拿手比画了一个圆圈，仿佛烂掉的那一块就在手心里放着。这新鲜有趣的比喻让水晶感到新奇。

张爱玲对于作家们经常聚会表示反感，水晶跟着赞同，并抬出了夏济安对那帮热衷聚会的作家的描述："声名狼藉的朝夕聚会的社交家。"爱玲点头称是，作家还是分散点好，免得互相伤害。

张爱玲的意思，是文人相轻，或者彼此吹捧，容易让人失去警惕和进取心吧？反正与之对座的水晶是懂了。

谈话间，张爱玲起身去给客人冲咖啡，她自己的咖啡不放糖，只加了些牛奶。她解释说自己原本是喝茶的，但在这里找不到好茶叶，只好喝咖啡了。咖啡是容易使人上瘾的，她一喝起来，就停不下嘴。

最后，两人才聊到了张爱玲自己的作品，而对于这些作品将来的流传，张爱玲只是叹息。自从"五四"开始，便是那几个作家的天下，而她是越来越拿不准了。

这是一次尽兴的谈话，直到凌晨，水晶满载而归地走出张爱玲的寓所。

水晶拜访张爱玲的文章在台湾刊发后，引发了连锁效应。可想而知，想去采访探望张爱玲的人更加络绎不绝，令张爱玲不胜其烦。

这个时候，张爱玲便搬到洛杉矶隐居起来，别说探访者，就是在美国受宋淇夫妇之托照顾张爱玲的林式同，也很难见到张爱玲。

1983年，林式同替朋友送信给张爱玲，来到她所在好莱坞东区的家，发现这是一栋类似廉价旅馆的单身公寓。彼时他只听说过张爱玲的名字，还从未见过其人。以为这次可以一睹其面容的林式同没有想到，张爱玲在房间里只让他把信放在门口，因为自己还没有换好衣服。

林式同诧异于主人如此的接待方式，但他只好照做。他不知道，张爱玲别说见人，连信都很少写，简直把自己关在那一方天地里，只守着日月与文字。

一年以后的某一天，张爱玲约林式同在一家汽车旅馆见面，林式同这才终于见到了张爱玲——“……走来一位瘦瘦高高、潇潇洒洒的女士，头上包着一幅灰色的方巾，身上罩着一件近乎灰色的宽大的灯笼衣，就这样无声无息地飘了过来。”

为何包着头巾？据张爱玲所说，她的屋子里有了虫患，到处都是南美跳蚤，浑身痒得厉害，只好把头发剃了，买了几顶假发备用。为此，张爱玲不得不一次次搬家，辗转在各个汽车旅馆间。

搬家的琐碎耗费精力，而张爱玲又是个大大咧咧的人，每每搬家都要丢东西，连移民文件都不见了。后来的张爱玲索性都选择一次性用具，用过即扔，反少了许多麻烦。

莫非每个汽车旅馆都布满了这种南美跳蚤吗？其实是张爱玲自己的皮肤过敏，让她总以为是跳蚤作祟，而去除这种肉眼看不见的小东西又很不易，焦虑更加重了皮肤的不适感。直到几年后，医生治好了她的皮肤病，这种状况才稍微好转。

与张爱玲一直保持通信联系的夏志清，发现有几年时间自己写的信都没了回音，直到1988年再度接到爱玲的信才知道，她忙于虫患，不停地搬家，以至于收到信连拆都不拆就放在了一旁。

看到张爱玲在信中提到跳蚤的事情已经解决，夏志清也为她高兴，并提出要电话号码，想着打电话一定比写信更亲切，但张爱玲婉言拒绝了。她说根据电话号码便能查到住址，她实在是不想让别人知道自己的住处。还说夏志清的文章个人气息很浓，她读来，便与同夏志清相谈一样了。

夏志清无奈，但也只能放弃打电话的念头，回信也再不提要电话号码之事，只嘱咐爱玲多锻炼，吃维生素，还因为她牙痛的问题给她提供保护牙齿的方法。

张爱玲对自己的地址严格保密到了偏执的地步，别说夏志清，连在上海的姑姑都不知道。但是一个台湾来的女记者却不知道通过什么渠道寻到了她的住处，悄悄搬到了她的隔壁，希冀可以借助地利之便拿到些资料。不料整整守了一个月，才见到一次张爱玲，还是她出来倒垃圾的时候。

张爱玲依旧是瘦，而且白，大约是整天在房间不见天日的缘故。白衬衣蓝裙子，令偷看的女记者有种不真实的感觉。因为没有收获，女记者不甘心，便索性把那些垃圾袋翻开来找，从遗留的垃圾分析张爱玲的日常生活。

女记者的文章见了报，张爱玲如惊弓之鸟，赶紧又搬了家。

04 孤岛之末

1981年，在上海的姑姑张茂渊终于与意中人李开弟结为连理。那一年，她已经是七十八岁高龄。自此，张爱玲作品在大陆的出版代理权便给了李开弟。

这一年11月，上海《文汇月刊》发表了张宝莘所写的《张爱玲传奇》，是三十年来大陆首次发表有关张爱玲的文章。几年后，小说集《传奇》由上海书店影印出版；很快，人民文学社重新排印出版，并附上了张爱玲的照片。

随着《流言》《半生缘》及译作《爱默生文选》等陆续在大陆各大出版社问世，张爱玲热从港台扑向了大陆。

大陆出版社出版了张爱玲的旧作，而台北皇冠也不失时机地推出了《惘然记》《余韵》《续集》等新作品，一时间，张爱玲再度成为炙手可热的当红作家。回忆她的文章、研究她的资料也随之大量面世，而这一切，距离她上次大红大紫的时期，已经过了四十多年。尽管此时张爱玲已经没有了要出名的欲望与喜悦，但不能不说，稿费的充裕直接改善了张爱玲的生活。

这期间，因为一条误报的“张爱玲去世”的消息，让她的弟弟张子静误打误撞寻到了张爱玲在美国的地址，并写信过去。半年后，张子静收到了姐姐张爱玲的回信。

小弟：

你的信都收到了，一直惦记着还没回信，不知道你可好。我多病，不严重也麻烦，成天忙着照料自己，占掉的时间太多，剩下的时间不够用，很着急，实在没办法，现在简直不写信了……传说我发了财，又有一说是赤贫。其实我勉强够过，等以后大陆再开放了些，你会知道这都是实话。没能力帮你的忙，是真觉得惭愧，惟有祝安好。

煐

一月二十日（一九八九）

张子静收到几十年没有只言片语往来的姐姐的信，欣喜若狂，他以为自此姐弟俩可以鸿雁传书，有来有往了。但没想到，张子静第二封去信，便被退了回来，以后的几封信也都是如此，退信上无一不写着：查无此人。

那一封信，成了姐弟在世的最后交流。但好在张子静与张爱玲的血缘关系是什么也打不散的，他亦理解姐姐对世事与亲情的态度，并无抱怨。

张爱玲虽然再度红了起来，可是她在美国的生活依然是局促的。这种局促不是经济上的困窘，而是再度受到了虫患的困扰，由此继续进行搬家活动。

在张爱玲给林式同开出的找房子的条件清单上，我们看不到对于生活品质的要求，取而代之的，都是一些独特的、自我的要求：

1.单人房（小的最好）
2.有浴室
3.有电冰箱（没有也行）
4.没炉灶
5.没有家具（有也行）
6.房子相当新 没虫
7.除了海边 市区郊区都行
8.附近要有公车
9.不怕吵 有噪声 车声 飞机声最好

这是晚年的张爱玲对生活的全部要求了：清淡、简洁、朴素。曾经拿捏着享有生活品质的张爱玲，如今只剩下了最本真单纯的欲望。唯一没有变的，是她依旧喜欢市声。市声让她感觉安慰，是孤单中的一点温暖和妥帖。

依照张爱玲的要求，林式同为她找到的罗切斯特公寓位于洛杉矶的西木区。1991年7月，是她晚年的最后一次搬家。在这里，张爱玲走完了她生命中的最后一段时光。

这段时光的张爱玲，依旧深居简出，除了购买必需的日用品外，她从不到户外去。唯一能偶尔见到她的，便是林式同。尽管他们属于两个世界，林式同也不是张爱玲的书迷，但就是这么奇怪，张爱玲很喜欢跟他聊天。

1992年，林式同收到了张爱玲的信，指定他为自己的遗嘱执行人。遗嘱很简单，只有两条：一是自己去世后，所有财产都给宋淇夫妇；二是希望立即火化，不要任何仪式。林式同莫名其妙，问张爱玲，她说自己出去买表格时看到遗嘱，就顺道买了。林式同不以为意，收起遗嘱放到了一旁。

自1991年以来，张爱玲一直忙着《张爱玲全集》的校对整理。其中收录的最新一部作品，是自传体《对照记》。这是一本图文对照的小册子，图用的就是张茂渊给张爱玲的那部家族相册上的相片，加上简单的附言做注，并不按时间顺序排列。

《对照记》吐露展示了她的半生，合入《张爱玲全集》，作为她人生的一个注解。

《对照记》于1994年在台北皇冠出版社出版单行本，第二年荣获《中国时报》的“文学特别成就奖”。闻获这个消息，张爱玲专程照了一张照片寄去，为表明是近照，特意在手里拿了一张当日报纸，上面的大标题是“主席金日成昨猝逝”。

这是张爱玲留在世界上的最后一张影像，照片中的她短发、皮肤松弛，但眼睛依旧很净很亮。她在微笑。

1995年9月8日，在张爱玲的公寓里，人们发现了她的遗体。

张爱玲十几天未下楼，公寓管理员是最先疑心的，所以叫来警方上去查看。一开门，大家都呆了。

张爱玲静静地躺在那里，睡着了一般。她身上穿着赭红色旗袍，与身子底下的蓝色地毯相映。她的身旁，那个当书桌用的小箱子上，摆着稿纸与打开笔帽的钢笔。一只小提包放在门口，包里装着遗嘱、身份证。

对于死亡，张爱玲早已经准备好了，她只等着死神来敲门，便起身跟随而去。

最了解她的，不是爱人，不是亲人，是凝蓝的夜空中，那一轮变幻不定的明月。人世间只是一场游历，归去时，无牵无挂。

此时，再度望向天空，仿佛还能看到百年前的月光静静淌着，最后，收起了它的锋芒。

她，

一生都是传奇，

称得上“活过”“写过”“爱过”。